高职院校 社会服务能力研究

周金宗 谢剑虹 蔡秋娥 邹瑞睿 著

◆ 湖南师范大学出版社
- 长沙 -

图书在版编目（CIP）数据

高职院校社会服务能力研究 / 周金宗等著. — 长沙：湖南师范大学出版社，2023.8
ISBN 978-7-5648-5065-4

Ⅰ．①高… Ⅱ．①周… Ⅲ．①高等职业教育－社会服务－研究 Ⅳ．① G718.5

中国国家版本馆 CIP 数据核字（2023）第 174740 号

Gaozhi Yuanxiao Shehui Fuwu Nengli Yanjiu

高职院校社会服务能力研究

周金宗　谢剑虹　蔡秋娥　邹瑞睿　著

出　版　人｜吴真文
组稿编辑｜彭　慧
责任编辑｜胡　雪
责任校对｜谢兰梅
出版发行｜湖南师范大学出版社
　　　　　地址：长沙市岳麓山　邮编：410081
　　　　　电话：0731-88853867　88872751
　　　　　传真：0731-88872636
　　　　　网址：https：//press.hunnu.edu.cn/
经　　销｜湖南省新华书店
印　　刷｜湖南美如画彩色印刷有限公司
开　　本｜710 mm×1000 mm　　1/16
印　　张｜9.5
字　　数｜200千字
版　　次｜2023年8月第1版
印　　次｜2023年8月第1次印刷
书　　号｜ISBN 978-7-5648-5065-4
定　　价｜59.00元

前言

　　进入 21 世纪后，我国高等职业教育经历了多年的飞速发展，几乎是从无到有、从小到大，不但完善了我国的教育体制，使得我国的教育体制更加科学合理，更满足了人民群众对高等教育的需求。高职院校具有人才培养、科学研究、社会服务三大基本职能。社会服务作为高职院校的重要职能之一，一方面高职院校通过社会服务推动产业转型升级，促进社会经济发展；另一方面高职院校通过社会服务能提升教师专业水平，增强高职院校的社会影响力，促进高职院校持续长远地发展。提高高职院校社会服务能力，有利于劳动者的职业素质和职业技能水平更好的与岗位要求相适应，培养出社会所真正需要的人才。当前，高职院校对自身社会服务功能认识不够，科研成果转化率较低，社会服务能力还有待提升，探讨提升高职院校的社会服务能力的路径就显得很迫切。

　　本书主要通过归纳社会服务理论，总结美国、日本、新加坡、德国等国家高校社会服务的成功经验，分析我国高职院校的社会服务现状及存在问题，提出高职院校社会服务能力提升路径。最后以湖南汽车工程职业学院作为个案，分析高职院校社会服务能力提升的实践经验。本书对我国高职院校提升社会服务能力提出一些建议，为国内高职院校提供一定的借鉴，希望借此对我国高等职业教育改革有一定的推动意义。

　　由于作者水平有限，书中不妥与疏漏之处在所难免，恳请读者批评指正。

周金宗，谢剑虹，蔡秋娥，邹瑞睿于湖南株洲

2023 年 8 月

CONTENTS 目录

　　随着我国高等职业教育的繁荣发展以及现代职业教育体系的构建，高职院校社会服务能力建设正逐渐成为国家、社会以及个体关注的焦点。进入 21 世纪后，我国高等职业教育经历了多年的飞速发展，几乎是从无到有、从小到大，不但完善了我国的教育体制，使得我国的教育体制更加科学合理，更满足了人民群众对高等教育的需求，破解了千军万马挤独木桥的局面，为促进我国社会稳定、人口素质提升、产业发展立下汗马功劳。在高等职业教育发展初期，绝大多数高等职业院校都面临办学经费缺乏、人才匮乏、社会认可度不高、政策支持不够、招生困难的困境。经过二十余年的建设，由于高等职业教育对产业的支持、支撑力度越来越大，社会贡献度越来越高，使得高等职业教育已初步得到社会的认可，主动报考高等职业院校的毕业生越来越多，很多毕业生家长也非常坦然地让子女就读高等职业院校，企业对高等职业院校的毕业生也越来越青睐。

　　社会服务能力可以最直观地反映高职院校的教学水平和科研水平，能够卓有成效地反映出区域经济的潜力。检测高职院校的社会服务能力符合高职院校持续发展的战略要求，提高社会服务能力是所有高职院校的社会性责任，但目前来看，高职院校在社会服务能力建设方面仍有待提高。当前，高职院校对自身社会服务功能认识不够，没有倾注应有的发展热情和积极态度，探讨如何提升社会服务能力和评价社会服务能力就显得很迫切。

第一章　高职院校社会服务的理论

第一节　高职院校社会服务的理论基础

一、资源依赖理论

资源依赖理论是高校社会服务活动的理论基础之一。资源依赖理论起源于 20 世纪 40 年代，1977 年杰弗里·菲佛和杰勒尔德·R.萨兰基克在其著作《组织的外部控制》中完善资源依赖理论。该理论论述了环境或组织的社会环境在有关问题决策的制定过程中的重要作用[1]。该理论认为作为一个开放的系统，任何组织都不可能是完全自给自足的，为了生存和发展，所有组织需要从周围环境中吸取其需要的资源，需要与周围环境相互依存相互作用。组织的外部控制，是指组织在生存发展过程中会对外部环境中掌握重要资源的其他组织的需求做出某种回应，组织行为在很大程度上是适应外部关键资源控制者的需求而形成的。组织的外部控制会导致组织资源依赖性的产生，但组织资源依赖性并不完全是消极被动的，它在一定程度上是可以通过资源交换、合并和价值分配的形式来缓解或化解，因而，作为交换的资本，组织自身拥有的资源的价值性、稀缺性、不可模仿性和不可替代性决定了组织依赖的性质、程度与范围。高职院校的土地资源、设备资源、人力资源、财力资源等也是有限的，高职院校与企业等社会组织相比拥有智力、技术等资源优势，高职

---

[1]　[美]杰弗里·菲佛，杰勒尔德·R.萨兰基克.组织的外部控制[M].北京：东方出版社，2006：15-30.

院校可以通过社会服务形式换取高职院校发展所需要但是又缺乏的各种其他资源。一方面大学需要为社会发展承担更多的学术责任；而另一方面社会也需要为大学发展创设实践源泉和提供资源保障。

二、协同学理论

德国著名物理学家赫尔曼·哈肯于 1971 年提出来的协同学理论已经广泛应用于各个领域，其中就包括教育领域。协同学是协同创新的理论根基，其本身是一门继承了普遍规律的自组织、有序性集体行为科学，一方面在揭示大自然构成秘密之中发挥了至关重要的作用，另一方面则极大地促进了社会科学领域研究的进步。协同学强调有序的、自组织的集体协作行为，认为在一个开放系统中各个子系统相互作用、协同合作，能最终实现各个子系统共同发展[1]。一个系统能否发挥最大效用是由系统各个组成部分是否相互协同合作决定的。在高职院校和企业校企合作这个系统工程中，如何使学校和企业这两个系统协力合作，形成校企协同发展的长效机制，提升高职院校的社会服务能力，服务经济社会发展，已经成为高职院校教育改革及理论研究的热点。协同创新是校企合作的一种形式，但它不同于一般的校企合作办学，是校企合作办学的升华。协同的核心是校企协同，通过开展协同创新、协同管理，增强合作驱动力，充分发挥学校与企业的双方优势，提高合作效率，达到提高办学质量目的。协同创新是将国家、企业、学校、科研机构、区域等创新主体的创新要素整合到一起的过程，通过相互之间的非线性作用产生单个要素无法实现的整体性效应。高职院校是知识与技能创新的重要基地，是培养基础性应用人才的摇篮，是建设创新型国家的重要前提，也是推进校企协同创新的重要平台。结合中高职教育衔接的契机，校企之间可以选择合适的教学路径、制定科学的教学策略，共同进行协同创新教育课程内容和教育模式的研究，最终培养出高素质、高技能的复合型人才，为国家经济结构转型贡献自己的力量。

---

[1]　[德]赫尔曼·哈肯.协同学：大自然构成的奥秘[M].凌复华,译.上海：上海译文出版社，2013：5-9, 207.

三、威斯康星思想

威斯康星思想是威斯康星大学最长远的指导思想，其指出高等教育一个普遍的原则：教育应该影响人们的生活，超越教室的界限。1905年，美国威斯康星大学校长查尔斯·范海斯在演讲中宣称："直到大学的有利影响力达到州的每一个家庭，我才会满足。"范海斯成立了威斯康星大学推广学院，将学校的暑假课程及其他课程知识推广到本州公民。1912年，正式出现"威斯康星思想"这个名词。威斯康星思想主张高等学校应该为区域经济与社会发展服务。威斯康星大学在教学和科研的基础上，通过培养人才和输送知识两条渠道，与社区和州政府合作，为威斯康星州及其他地区提供积极的文化服务、技术培训等社会服务促进全州及其他地区创新和经济发展。如威斯康星州面临着农村地区医生严重短缺的困境，该州72个县中有60个县农村医疗服务不足。威斯康星大学成立农村医学研究院，开展为期四年的项目计划，招收有意向从事农村医学的医学生，并根据农村地区的需求量身定制课程。"威斯康星思想"创造性地提出了大学的第三职能——社会提供直接的服务，使大学与社会生产、生活实际更紧密地联系在一起，高校的社会服务职能同步得到强化。

第二节　高职院校社会服务的内涵

高职院校社会服务的主要内容有以下四个方面。

一、人才培养服务

人才培养服务指高职院校面向地方区域、行业、企业培养当地所需要的技术技能型人才。截至2022年，全国共有高等学校3 013所。其中，本科层次职业学校32所；高职（专科）学校1 489所，职业本科招生7.63万人，高职（专科）招生538.98万人（不含五年制高职转入专科招生54.29万人）；在校生1 670.90万人，比2022年增加80.80万人，增长5.08%；毕业生494.77万人，比2022年增加96.36万人，增长24.19%。高职院校的继续教育学院等部门也提供各种学历继续教育。高职院校可以结合区域经济发展的需要和职工学历提升的需要，加强对企业职工开展各种形式的学历继续教育。高职院校开展职工学历继续教育的教育目标比企业内部培训更明确，教育体系比企业内部培训更健全，教育内容比企业内部培训更丰富。高职院校在招生的过程中应该提高招收企业职工的比例，并在招生考试工作中加强对职业技能的考核。注重提供和推广高升专、专升本、本升硕不同层次、不同类型的学历继续教育，为企业职工建立学历提升的"立交桥"，推进企业职工的技能增长和学历提升，促进企业员工的职业生涯发展。

二、人才培训服务

（一）技术技能培训

技术技能培训指高职院校利用自身的教学科研人才资源、教学设施设备资源、教学技术及培训资源等为地方企业在岗人员和社会人员提供各种培训，包括员工培训、农村劳动力转移培训、城镇待业人员上岗及转岗培训、职工继续教育等培训服务。如高职院校为汽车企业职工提供培训服务主要包括技术类和非技术类培训。技术类培训主要包括汽车检测与维修技术、汽车车身维修技术、汽车电子技术、汽车智能技术、新能源汽车维修技术、钣金喷涂等培训项目。非技术类培训主要包括汽车营销、汽车保险、汽车评估等培训项目。开设汽车类专业的高职院校根据不同的专业针对性地对企业职工进行岗位适应性培训及工种培训，从汽车企业的岗位需求出发，为汽车企业的转型升级提供不同层次的、不同类别的专业化的技术和技能培训服务。通过技能培训，促进职工技能及创新能力的提升，从而提升企业的生产效率。同时注重职工潜能的开发与培养，使汽车企业职工树立创新意识，培养创新思维，掌握创新方法，提高创新能力。

（二）高层次研修

企业既有在基层岗位的普通职工，也有较高层次的技术人员，能否打造一支高素质技术技能人才团队对于一个企业是否具有强劲的发展潜力是非常重要的。而高素质高技能人才的培养一方面要靠在实际工作过程中的不断磨炼，另一方面要靠继续教育的不断提升。以汽车行业为例，上海通用汽车、德国宝马汽车、上海大众汽车等汽车企业都有各自的培训体系，在与高职院校合作进行员工培训的项目中，高层次的研修主要包括银级以上（含银级）的高级技工培训、高级管理人员培训等培训项目。汽车企业委托高职院校进行汽车高级技能人才培训，与高职院校共建培训体系，结合汽车企业的技术创新、转型升级、项目引进等通过职工继续教育培训保证高级技能人才对汽车关键岗位、关键技术的掌握。

三、技术供给服务

技术供给服务指高职院校为企业开展各类技术服务，参与企业的技术创新和技术开发，推进科技成果转化，包括技术开发、技术咨询、科研成果转化等服务。

（一）横向技术开发和咨询

高职院校为企业技术创新提供支持和服务，促使企业在研发投入和成果转化中发挥主体作用，支持汽车行业重点企业与高职院校组建研发平台和产业技术创新战略联盟，对关键技术的研发和开发进行合作。

（二）纵向科研项目

高职院校教职工承担国家、地方各级政府部门和公益性行业的各类科研计划（含基金等）所取得的各级各类科研项目，科研项目的科研成果为地方政府和区域经济发展提供技术支持、智力支持等服务。

（三）科研技术成果转化

通过科学研究与技术开发所产生的具有实用价值的科技成果，包括但不限于已经产权化的成果以及未产权化的创新知识、专有技术、软件、算法及各种新的产品、工程、技术、系统的应用示范等成果通过市场被企事业单位购买转化为生产力应用于实际生产中，产生经济效益。

四、文化服务

高职院校主动为当地行业、企业、社区提供文化服务，包括提供体育锻炼场所、图书馆文化服务、社区文化建设、社会科学普及活动等。

（一）资源共享

高职院校将拥有的体育场、运动馆、图书馆等基础设施向社区公众开放；利用人工智能等技术免费提供线上学习资源、进行公开讲座等，实现学习资源共享；等等。

（二）科学普及

高职院校利用学校自身特有的场地设备等优势，如汽车文化馆、航空博物馆、民俗文化中心等，通过大众喜闻乐见的活动，让其接受相应的自然科学或社会科学知识、推广科学技术应用、传播科学思想、弘扬科学精神。

（三）社会公益

高职院校团委等部门带领学生组织公益性志愿者活动和社会实践活动，如"三下乡"、修理家用电器、敬老院送爱心、支教支农、精准扶贫、文艺表演等。

第三节　高职院校社会服务能力提升的意义

高等职业教育具有高教性、职教性、地域性三大特征，立足和服务于所在区域是其重要的价值取向。高职院校在发展过程中需要政府、企业和社会各界在政策、经费、设备和技术等多方面给予支持，这是其生存与发展的一个重要社会基础。高职院校服务区域经济社会发展的过程，既是高职院校与区域经济发展形成良性互动的过程，也是高职院校不断发展和壮大的过程。高职院校只有通过主动而有效的社会服务才能实现其推动区域经济和社会发展两大目标，这既是高职院校的社会责任，也是高职院校存在的真正价值。

一、促进区域经济发展

高等职业教育的发展与区域经济发展之间具有很强的相关性。区域经济的发展是职业教育发展的基础，职业教育能很好地促进区域经济的发展。区域经济的发展需要高等职业教育为区域经济提供大量的人力支持、技术咨询、技术培训、文化服务等社会服务。高职院校通过社会服务推动产业转型升级，促进社会经济发展。高职院校通过校企合作、合作企业订单培养、产学合作、企业培训、企业岗位实习、科研成果转化等方式服务区域经济发展。随着产业结构的转变、经济的不断发展，这就要求其他各种经济要素相应地发生变动，其中最难变动的就是劳动力配置结构。凡是所设专业和培养的人才能很好地与地方经济社会需求相适应的学校，社会服务能力就强些，对当地经济发展的推动力就大些，科研成果转化就快些，科研成果转化率就高些，产生的效益就明显些。反之，如果高职院校与当地社会关联度呈负相关，学校所培养的人才要么结构失衡、就业困难，要么不能满足社会需要，其科研成果也难以转化为现实生产力，不能在经济建设中发挥积极作用，对地方社会发展的推动力就小。

二、推动高职院校建设

培养高素质人才。高职院校的毕业生最终要走向企业生产实践第一线，在市场接受企业的检验是必不可少的环节，符合市场需求是具有竞争力的关键。高职院校在开展社会服务的过程中通过整合优化校内外的设备、人力资源、财力资源等，为学生提供更好的教育资源，为提升教学质量提供坚实的保障，促进高素质人才的培养。企业具备培养汽车类技术人才的实践环节，通过校企协同创新，学生能在实践中积累经验，了解企业的需求，在实践中提升实践能力，增强自身竞争力。

推进学校专业建设。在市场机制的作用下，学校要想推进现有专业的发展就需要不断接受新知识，包括最新的理论成果和与时俱进的实践经验，适时对市场的需求作合理预测，以调整专业的比重和设立新的专业。

提高科研成果转化率。学校需要把科研成果变现，才能弥补科研过程中消耗的人、财、物等资源，为进一步的科研打好物质基础；同时，科研成果作为一种显性知识，这种知识形态的生产力只有运用到生产实践过程中，才能由潜在生产力外化为现实直接生产力，使生产效率得以提高，促进社会发展。校企协同创新可以成为技术转移合作的切入点，与技术转移相辅相成、相互促进，最终提高科研成果的转化率。

三、提升学生的创新创业能力

区域经济的发展需要高等教育为区域经济提供大量的人力支持。一方面，区域经济发展活跃离不开当地产业的创新发展，而产业的创新发展需要大量的创新创业型人才，另一方面，区域经济产业结构、技术结构、地方性政策都对大学生的创业产生重要影响。大学生"就业难"已经受到各界广泛关注。随着大学生毕业人数的持续增长，大学生自主创业一方面是缓解就业压力、解决就业问题的重要途径，另一方面也为我国经济可持续发展提供了内在驱动力。2015年6月，《国务院关于大力推进大众创业万众创新若干政策措施的意见》提出支持大学生创业，建立健全弹性学制管理办法，支持大学生保留学籍休学创业。区域经济的发展离不开创新创业型人才的参与，具有自主创业意识和开拓创新能力的创新创业型人才是知识积累和人力资本积累的主力军，是保持区域经济竞争优势的关键因素，在促进区域经济的可持续发展过程中发挥着越来越重要的作用。区域经济的发展促使高职院校主动适应经济发展新常态，转变创新创业人才培养模式。区域经济在发展并形成自身特色的时候需要高等教育的配合和服务。高职院校是创新创业人才培养的摇篮，是科技成果转化为生产力的基地，是技术创新的主力军，其社会服务能力愈发明显。高职院校应主动适应经济发展新常态，转变创新创业人才培养模式，培养学生的创新意识，提高学生的创业能力，培养与区域经济发展相适应的人才。各地方高职院校在培养创新创业型人才过程中，既满足了区域经济发展需求，又可使自身发展获得更大空间。

第二章　国外高校社会服务的主要经验

第一节　美国高校社会服务功能实现的成功经验

一、美国高等教育现状

美国的高等教育包括学术教育、职业技术教育和高中毕业后继续专业教育。美国高校和职业／技术机构提供各种各样的高等教育经历。社区学院一般为2年制，大学为四年制。例如，社区学院通常提供前两年的标准大学课程以及终端的职业和技术教育。大学通常提供完整的本科学习课程学士学位，以及高级学位。专业的职业技术教育机构提供不同长度的培训课程，使学生为特定的职业做好准备。非学位授予机构是指只提供职业教育的机构，提供2年以下的技术继续教育计划，因此不颁发大专或学士学位。

2021—2022学年，美国共有授予学位的高等教育机构3 542所，其中四年制高等教育机构2 267所，两年制高等教育机构1 275所。2010年以来，美国4年制高校一直保持持续增长的状态，2021—2022年4年制公立高等教育机构数量比2010—2011年增长14%；4年制私立非营利性高等教育机构数量增长较慢，比2010—2011年增长2%；4年制私立营利性高等教育机构至2022年比2010—2011年降低55%。2年制高等教育机构的数量自2010年以来除了私立非营利性机构一直保持83所的数量，其他公立机构和私立营利性机构数量都与2010—2011年相比下降较多，其中2年制公立机构降低了16%，私立营利机构降低了45%。（见下表2-1）

表 2-1　美国高等教育机构数量统计表（单位：所）[1]

机构类型 学年	4 年制			2 年制		
	公立	私立非营利性	私立营利性	公立	私立非营利性	私立营利性
2010—2011	637	1 238	612	977	83	662
2021—2022	725	1 264	278	825	83	367

　　2020—2021 年，美国高等教育机构颁发了约 520 万个学位。从 2010—2011 年至 2020—2021 年间，授予学位证书数量有所增加，但 2020—2021 年授予学位证书增长数量少于 2010—2011 年。不管是在 4 年制院校还是在 2 年制院校，全日制学生入学后的完成率高于非全日制学生。近十年，拿到学位的本科生人数增长近 30 万人，硕士、博士生基本维持不变。据统计 2021 年秋季，美国高等院校大约有 149.92 万教职工，其中全职教师 83.71 万人（占比 56%），兼职教师 66.21 万人（占比 44%）。

二、美国社区学院社会服务功能实现的主要经验

　　1862 年，为了促进农业技术教育的发展，美国时任总统林肯颁布了《莫里尔法案》，该法案是美国高等教育史上具有里程碑意义的法案。《莫里尔法案》规定联邦政府将一定数量的公有土地赠与各个州，各个州将出售联邦政府赠与的土地获得的资金在五年内至少开设一所农业与工艺的专门学院，培养农业技术人才，以促进该州农业的发展[2]。该方案实施后，截至 1922 年，美国共建立了 69 所赠地学院，越来越多的农家子弟涌入大学的校门，接受高等教育，为美国工农业的现代化提供了大量的人力资源。《莫里尔法案》为美国高等学校社会服务职能的形成与确立奠定了法律与实践基础。1905 年，美国威斯康星大学校长查尔斯·范海斯在一个演讲中宣称："直到大学的有利影响力达到州的每一个家庭，我才会满足。"范海斯成立了威斯康星大学推广

[1]　美国教育统计中心 . Report on the Condition of Education 2023[EB/OL].（2023-05-30）[2023-08-09].https://nces.ed.gov/pubs2023/2023144_M.pdf.

[2]　腾大春 . 美国教育史 [M]. 北京：人民教育出版社，1994：402.

学院，将学校的暑假课程及其他课程知识推广到本州公民。1912年，正式出现"威斯康星思想"这个名词。威斯康星思想主张高等学校应该为区域经济与社会发展服务。此后威斯康星思想作为一种办学理念在美国其他高等学校传播开来，社会服务职能成为美国高校继人才培养、发展科技职能外的另外一种重要职能确立下来。

美国高校的社会服务职能形成以后，美国的社区学院侧重于产学结合，为社会发展提供各类型的服务，取得良好的社会效益。2022年，美国大约有1 200多所社区学院，约有470万学生接受两年制社区学院学习。社区学院的教育职能由最初的转学教育职能向职业教育职能转变，美国的每个州的许多城市甚至农村都设有社区学院。美国社区学院自创建以来，凭借对经济发展的独特贡献而逐步确立了不可替代的地位。自奥巴马执政以来，社区学院进入全面改革期，他签署了《2009美国复苏与再投资法案》，多次到社区学院演讲，设立"社区学院合作伙伴项目"。

美国的社区学院具有很强的社会服务功能，它的主要目的就是服务社区、发展社区经济，其教学、管理、服务等各项工作都是以服务为中心。美国的每所社区学院都设立了专门的社区服务部门，为社区居民提供各种形式的服务，包括技术培训、行业咨询、举办各种报告会、普及科普知识、开展各种文体活动等。社区学院的生源主要是本地的居民，学院促使学生在毕业后仍留在当地工作和生活，真正为当地培养了人才。社区学院为社区工业、商业及其他行业培养了大量的人才，同时主动促进社区的改革和建设，发展地区经济。

（一）多元化社会服务方式

美国社区学院通过职业培训、技术咨询、资源共享等方式为社会服务。社区学院面向所有有培训需求的居民提供专业的培训服务，有居民自身报名培训，也有企业委托培训；提供的培训项目很多，同时根据所在地区的经济发展设置专业及课程。社区学院积极为社区企业和居民提供一系列技术咨询服务，包括企业发展咨询服务、社区居民法律服务、企业技术咨询服务、客户解决方案服务等。社区学院实现资源与社会共享，学院内的技术设施资源、图书馆资源、文化设施资源、体育设施资源等都和社区的企业、居民共享。

（二）重视实践教学

美国社区学院在教学过程中非常重视实践。在制订教学计划时，实践教学占全部课时的 50%，此外还要求学生必须利用寒暑假期在社区的相关部门实习，同时建立了以培养应用能力和综合职业素质为基础的教学体系 CBE（Competency Based Education）和 DACUM（Developing a Curriculum）。另外学院的很多教学活动都是围绕培养社区需要的职业人才而开展的实践训练。社区学院所有专业都聘请本行业的企业专家等组成专业指导委员会，为学院在专业设置、课程设置、教学计划制订、课程内容确定、教材开发等方面提供咨询，以保证所培养的学生符合社区的需求。专业指导委员会由企业专家、工商企业管理者、工会代表等组成。根据学校专业需要每年召开 2 次以上的集中会议，并邀请本地银行和企业的老板、人力资源主管、工会代表、专业咨询专家和专业教师等相关人士列席。专业指导委员会对专业社会需求、课程内容进行讨论，提出改进意见。此外，学校教师还和专业指导委员会成员保持经常性的联系，就行业和专业的新动态进行交流。

（三）专业和课程设置面向社区，服务当地经济

社区学院设立的目的就是面向社区、服务当地经济。因此围绕社区经济发展需要设置专业和课程是它长盛不衰的奥妙所在。如果学院周边有大的制药厂，社区学院在环境科学和化学课程方面往往比较强；如果周边是大量的计算机公司，社区学院往往会着重开设电子信息技术方面的课程；如果毗邻汽车公司、汽车修理厂，社区学院就会开设比较多的汽车运用和汽车修理等方面的课程。例如，美国威斯康星州是农业大州，制造业也很发达，所以综合农业、农用机械、农产品加工、饲料等专业一直是该州社区学院的专业强项。此外，很多社区学院还根据社区的需要，提供康乐、社会以及文化方面的课程和活动。学生可以根据自己的需要选择不同的课程，并且学院也为学生设立跨学科课程。跨学科课程一般至少由两名来自不同系科、专业或者不同领域的老师担任。

（四）校企合作深化

学院与企业合作建立研究中心、科技园，向企业转让技术，鼓励师生以技术专利入股兴办的高新技术企业；通过校企合作联合创办专业、开设课程。

企业无偿赠送给学院教学设备，与学院共同建立实训室，全程参与学院的人才培养过程，实践课由学校和企业派员工共同指导，学生到企业的实际岗位进行岗位实习。在校企合作中，学院向企业提供在职培训服务，培训项目由双方协调确定，培训课程内容均按照企业要求重新设定，突出企业需求特征，以达到最佳的培训效果。

（五）开门式入学政策

美国社区学院入学实行开门式入学政策，入学不需要通过考试，学生也没有年龄限制，只要有高中文凭和成绩单或同等学力就可以入学。学院实行学分制，学生只要修满学分就可以毕业，学习年限也可以根据学生的个人情况而定。授课时间也比较灵活，晚上和周末都开设课程，方便上班族上课。据统计，2018 年在 1 960 万名注册授予学位的学生中约 35% 的学生至少参加过一门远程教育课程，其中 17% 的学生只通过远程教育课程学习。公共机构中有 20% 的学生通过远程教育课程完成课程，而私立非营利机构有 30% 的学生通过远程教育课程完成课程，私立营利机构有 63% 的学生通过远程教育完成课程。14% 的大学生参加了远程教育课程考试，相比之下，31% 的大学毕业生参加了远程教育课程。

第二节　日本高校社会服务功能实现的成功经验

日本的大学分为国立、公立、私立三种类型，学制均为 4 年。此外，日本有以传授职业教育和实际生活中必需的技术和知识为主的专修学校，类似于我国的高职院校。以初中毕业生为对象，培养学生一定职业技能的高等专门学校，学制为 5 年。2021 年，日本有专修学校 3 083 所，在校生达到 662 135 人，全职教职工 40 620 人，毕业学生 269 397 人。

表 2-2　2019—2021 年日本专修学校及各种学校学生及教职工统计表[1]

类型	年度（年）	学校（所）	在校生（人）	新入学学生（人）	上年度毕业学生（人）	全职教职工（人）	兼职教职工（人）
专修学校	2019	3 137	659 693	320 349	274 825	41 104	115 647
	2020	3 115	661 174	315 451	269 952	40 824	115 165
	2021	3 083	662 135	308 229	269 397	40 620	113 515

二战以后，随着日本高等教育的不断发展，日本高校的社会服务功能也日益完善，逐步形成相对成熟的服务模式。日本高校最重要的社会服务形式是大学教育与高中教育衔接；大学与政府、企业合作；大学向社会开放资源和设施等高大连携、官产学连携、社会连携三种连携制度。

一、高中大学连携制度

高大连携侧重于高中教育与大学教育的衔接，通过利用合作高校的教育资源，进行形式不同的教育活动、教育宣讲、教育实践，达到提升高中教育质量的目的。包括为高中学生提供入学体验、校园开放日、公益讲座等有助于高中生了解大学的校园环境、学习科目、生活等；邀请高中学生参与大学实验室相关项目研究有助于高中学生更清晰地了解不同学科；主动到高中学校进行讲座和宣讲，对高中学生的升学和兴趣爱好进行生涯指导，鼓励高中学生进行科学探索等。京都大学在日本国立大学法人化改革进入第三个 6 年中期计划明确提出，推进高中衔接工程，创建与高中的联系，制定最佳招生录取政策，促进高中教育与大学教育平稳过渡[2]。

[1] 日本总务省统计局.2023 年日本统计年鉴 [EB/OL]. [2023-08-09].https://www.stat.go.jp/data/nenkan/72nenkan/25.html.

[2] 汪育文.日本高校社会服务能力提升中的连携制度研究[J].中国高校科技，2020（10）：42-45.

二、官产学连携制度

官产学连携是指高校通过问题导向、团队合作、基金招募、机构设置四种方式为企业进行技术服务，与企业共同进行项目合作研究、产品开发、技术升级等，推动知识成果转化，促进企业发展。为促进技术创新成果向产业界的转移，有专门的技术转移代理中介机构 TLO(Technology Licensing Organization) 进行专利申请代理以及运作将大学科技成果转化、开发及技术转让工作，比如京都大学建立的"kansai-TLO"[1]。1998 年 8 月，日本制定的《大学技术转让促进法》对从事大学等技术转让工作的 TLO 的工作内容以及申请成为 TLO 的相关内容都作了详细且严格的规定，对日本官产学连携的发展作出了很大贡献[2]。同时，日本经济产业省制定了《大学产学联合活动管理指南》，使用该指南促进验证科技成果转化的效果并提出必要的建议。此外还协同文部科学省试验性地导入了对 TLO 机构进行评价的指标，致力于强化 TLO 机构的产学合作功能，提高科技成果转化的质量。

三、社会连携制度

社会连携是指大学与社会相衔接，在政治、经济、文化、科学等方面全方位结合，包括向社会公众开放学习机会和知识资源、设施设备和场馆、传播学术文化等。在日本，大部分高校允许校外人员自由进出，并向校外人士开放运动场、图书馆、教室等基础设施，也有少部分高校会设立门岗，校外人员进入需证件或预约。日本高校也积极向社会公众开展丰富多彩的讲座，向社会普及科学知识、专业知识、生活常识、社会环境问题、人生问题、资格考试等。日本公立高校向社会公众开展的讲座大多数是免费的，少部分收费讲座收费也并不高，一般在 500 日元左右。但是日本私立大学因运营经费相对紧张，举办的公开讲座和课程具有明显的营利性，这一部分的收入

---

[1] 汪育文.日本高校社会服务能力提升中的连携制度研究[J].中国高校科技,2020(10)：42-45.

[2] 石晶.日中两国产学研合作的比较研究[D].哈尔滨：哈尔滨师范大学,2015：8.

在一定程度上能够缓解私立大学经费紧张的问题，在促进社会发展的同时获得盈利[1]。

第三节　新加坡国立理工学院社会服务功能实现的成功经验

新加坡自建国以来成功进行了五次经济转型，约 10 年一次，从 20 世纪 60 年代的劳动密集型产业到 20 世纪 70 年代的经济密集型产业，从 20 世纪 80 年代的资本密集型产业到 20 世纪 90 年代的科技密集型产业，再到 21 世纪的知识密集型产业。未来新加坡将继续转型向创新型产业发展。每次转型和发展，政府都及时推出教育和培训计划。新加坡高等职业教育的发展历程就是不断适应新加坡工业化和现代化发展要求的历程，大约每十年有一次经济战略调整，职业技术教育都要随之对发展战略目标进行调整。

新加坡职业教育体系可划分为由低到高的四个层级：第一层级为普通工艺课程，相当于我国的初级职业教育，招收约 15% ~ 20% 的小学毕业生。根据小学毕业考试成绩，学生通过分流分别进入特别 / 快捷课程、普通学术课程、普通工艺课程进行 4 年或 5 年的学习。第二层级为中学后教育，实施这一层级的教育机构有三种类型：第一种是初级学院，第二种是工艺教育学院，第三种为大学预科。前两种类型的学制一般为 2 年，大学预科是为大学做准备的。第三层级为专科层次，实施机构有理工学院与技术学院，高中毕业生或工艺教育学院的优秀毕业生都可进入此类教育机构进行为期 3 年的学习。第四层级是本科及本科以上的教育，国立新加坡大学和南洋理工大学是实施这一层级教育的主要教育机构，由于新加坡本科层级的大学都属于普职混合型，

---

[1] 麦均洪，黄海祺 . 新公共管理理论视角下的日本私立大学社会服务的特征及借鉴 [J]. 黑龙江高教研究，2020，38（5）：94-99.

所以单独实施普通教育或单独实施职业教育的大学是不存在的。因此，这两所大学都是混合型大学，既实施普通教育也兼顾职业教育，学习年限为4年。新加坡职业技术教育体系内的三个层级间是可以由低层级过渡到高层级的，也就是说学生顺利完成第一层级的教育并符合升入第二层级的标准时，在个人自愿的情况下可以由第一层级晋升到第二层级，第二层级与第三层级之间也是如此。

新加坡国立理工学院的教育和培训相当于我国的高职教育，招收约40%的"O"水准毕业生。从2017年新学年起，新加坡的5所理工学院及6所公立大学（私立大学不包括在内）以新的"提前招生活动"——"能力导向招生计划"（Aptitude-based Admission），取代现有的"直接招生计划"。以能力为基础的录取除了考虑学业成绩外，还考虑其他因素，包括具备相关专业的能力和兴趣、工作经验、领导能力和社区服务能力；申请人必须具备最低程度的学术能力，学校在某些情况下通过测试和面试对其进行评估，考虑申请人是否适合他所申请的课程。理工学院的层次为大专，设有专业文凭、技术文凭和一般操作文凭。其主要目标是培养专业的技术人员和技师，为新加坡的科技进步和经济发展服务。目前新加坡共建立了新加坡理工学院（SP）、义安理工学院（NP）、淡马锡理工学院（TP）、南洋理工学院（NYP）、共和理工学院（RP）5所理工学院，统称为国立理工学院，是新加坡实施高等职业教育的主要机构，2022年共有8万多名学生在读。每所理工学院有超过35门不同的课程，课程以工程、管理及科技课程为主。

一、注重创新创业能力培养，提升社会服务力

新加坡南洋理工学院林靖东院长曾经说过："办教育要比企业先进，用传统的方法不行，要超前、突破、创新。要时时创新，人人创新，处处创新。"新加坡是亚洲地区较早进行创新创业教育的国家，并在创新创业教育方面取得了不错的成绩。新加坡地少人多，自然资源缺乏，最重要的就是人才资源。因此，培养创新创业人才和发展先进科学技术对于有效提升国家经济实力和

促进国家经济发展具有重大的现实意义[1]。新加坡依靠强大的科研能力、良好的社会人文环境、优惠的政府税收及补贴政策吸引了大批的创业者。

（一）政府高度重视创新创业教育

新加坡政府高度重视创新创业教育能力的培养和发展。新加坡政府标新局、科技局、国际企业发展局积极为创新创业提供政策支持。为提升创新意识，加强创新教育及训练，改善政府创新环境，增强市场与技术的衔接，1998年新加坡制定了"全国创新行动计划"，提出要在国家的教育体系当中加入创新活动的训练。为了在国家研究、创新及创业精神的策略上为政府提供咨询，新加坡政府设立了"研究、创新及创业理事会"，政府总理亲自担任该理事会主席；设立专项资金，每年用于风险投资、技术转移和创新创业的资金不少于20亿元新币；新加坡经济发展局制订了各项优惠扶持计划以促进创业活动的开展，营造良好的创业氛围，力图建立一个"新加坡人人皆为精英"的国家创新体系。随着新加坡政府的支持力度的加大，新加坡高校创业教育逐渐形成了一套完备的体系并取得丰硕成果。

（二）广泛开展国际化、特色化创新创业教育课程

新加坡高校对创业教育十分重视，不管是6所本科大学还是5所理工学院，都开设了创业基础、创业营销、技术创新、新产品开发、创新管理、新公司咨询等创业辅修课程，内容涉及创业运筹及商业计划的撰写、创业融资、新创企业营销、新创及成长期企业的财务与人事管理等方面的内容。采用案例分析、现场角色模拟、分组讨论、计算机模拟、拓展训练和企业考察等多种形式，一方面在教学中进行计算机实战模拟，另一方面将学生直接导入创业环境，为学生提供与成功企业家、政府官员、风险投资人、发明家、知识产权律师直接对话的机会。如南洋理工大学开办了创业与创新硕士课程，旨在培养学生必备的创业技能和商业潜能，进而将新颖的构想转化为成功的企业。鼓励并支持师生参加各种创业大赛，如创业在狮城——年度全国创业大赛、新加坡创业大赛等。此外新加坡理工学院、义安理工学院、南洋理工学院等都建立了学生创新中心，鼓励学生与教师在教学项目、科研项目以及企业的

---

[1] 刘莉萍.日本和新加坡创业教育比较研究及启示[J].工业和信息化教育,2015(2):4-7.

技术开发项目上进行合作，从而塑造一个富有创新意识的学习环境，培养和开发学生的创新能力。

依国际化要求进行课程调整与改革，采用弹性学分制，开设国际性课程，尤其是创业教育课程国际化、多元化，专业各有侧重，办学特点各异。课程学习与校园实习相结合、海外训练与本地工商业训练相结合、科学研究与实际工作相结合，让有志于专门技能学习的学生能接受广泛训练且打下稳固的基础，毕业时获得与最新经济发展动态同步的经验技能，不需要接受职前培训就可以直接进入工作岗位，亦可申请深造大学学历。如义安理工学院开设企业入门等跨专业领域课程；新加坡国立理工学院开设亚洲经济发展、海外商务研究和东亚经济等辅修课程；新加坡经济开发局和南洋理工大学共创的南洋科技创业中心（NTC）旨在成为卓越创业教育中心[1]。南洋理工学院开设的创新创业能力发展系列课程从企业生命周期、企业经营等维度出发，对创业过程和企业经营管理过程中可能面对的问题进行课程内容设计，课程注重实践，通过案例分析、拓展训练、角色模拟、分组讨论、计算机模拟实战、企业课堂、制定商业计划、模拟融资和迷你论坛等教学手段，将学生直接导入创业环境。

（三）创新成果市场化、产业化

新加坡高校鼓励教师和学生根据已有的创新成果创立公司，形成技术产业链。在 1997 年之前，新加坡国立大学总共建立了 9 家科技企业。到 2022 年，新加坡国立大学与本校师生联合创办新技术企业达 250 多家，让学校的科学发现走出实验室，进入市场。学校还设有商务中心，包含四个功能模块：创新创业研究、创业教育、创业发展和风险支持。国立大学还在举办各种创业活动，高校与政府、企业的紧密联系与合作，形成了一个固定的产学研联合体，为创新成果的市场化、产业化提供了良好的发展环境[2]。如在新加坡国立大学企业机构（NUS Enterprise）的孵化和资助下，张济徽先生在毕业后创

---

[1] 范新民.创业与创新教育——新加坡高校教育成功的启示[J].河北师范大学学报（教育科学版），2014,16（2）：57-62.

[2] 易琳琅.新加坡创新教育对我国创业教育的启示[J].当代教育理论与实践,2014,6(2)：25-26.

办了一家科技创新信息服务公司——智慧芽（PatSnap），并通过新加坡国立大学苏州研究院（NUS Suzhou Research Institute，NUSRI）和 BLOCK71 在中国建立基地，在这里逐渐发展壮大。得益于新加坡国立大学企业机构的支持，智慧芽成功开发出全球专利分析数据库。截至 2023 年，智慧芽已经服务全球 50 多个国家超 12 000 家客户，涵盖了高校和科研院所、生物医药、新材料、新能源、智能制造、新能源汽车、半导体等 50 多个高科技行业。2023 年 4 月 18 日，智慧芽企业以 75 亿元人民币的企业估值入选《2023·胡润全球独角兽榜》，排名 983 名。

（四）在实践中培养学生的创新创业能力

新加坡高校非常注重实践教学。学校所设的专业、科目也都是以实践为导向的，有很多课程都是直接在厂房车间教授。学生在假期中，必须有 8 周左右的时间是在企业中实习。如南洋理工学院一些专业的学生，学制 3 年，其中实习就有 32 周的时间。南洋理工学院所采用的"教学工厂"模式就是一种较为典型的校企合作模式。学校利用自身的人才资源优势，设有专门的技术转移中心，负责一些课题的接洽以及科技成果的转化和转让等工作。学校从生产厂家的现实需要承揽某些课题和项目作为学生毕业设计的课题，生产厂家则为学生提供必要的生产设备和条件，学生则在教师的指导下进行实际的生产操作。通过与企业的合作，学校可以获得企业的财政支持，既可为学生创造较多的实习机会，也可以让学生在实际项目中接触最新的机器设备和技术方法，灵活运用所学的知识和技能。这样既锻炼了他们的实践能力，又提升了他们钻研创新的积极性。

二、实行技能创前程计划，助力在职员工技能提升

新加坡技能创前程计划于 2014 年推出，近年来相继实施了多个专项，项目在有效促进公民技能提升的同时推动了新加坡职业教育文化营造和学习型社会打造。深入分析发现，该项目实施具有"劳资政"多方合作参与的机构配置、"政府投入、社会捐赠"的筹资模式、面向职业需求与发展的技能框架、支持公民终身职业发展与就业指导的个人资源库、满足社会大众各阶段学习需要的教学资源、保证各主体参与积极性调动的激励机制六大特征。

SGUS 计划。SGUnited Skills（SGUS）计划是一个主要由大学和理工学院提供为期 6～12 个月的全日制培训计划，帮助失业的 21 岁及以上的新加坡公民或者能够全职参加培训计划的公众通过参加与行业相关的技能和知识培训来提高自身各方面的专业技能。培训以全日制的方式开展，但以模块化形式进行，因此受训人员一旦找到工作，便可以灵活退出该计划。该计划有丰富多样的课程供学员选择，如淡马锡理工学院提供了制造业、建设环境、现代服务等课程，在整个培训过程中学员将获得高达 1 200 新元每月的培训津贴，同时还能通过该培训项目获得职业咨询和就业帮助。而公司通过雇佣再培训计划工人将获得相关奖励支持，雇用 40 岁以上本地工人的雇主可在六个月内获得 40％的工资奖励，上限为 12 000 新元；雇用 40 岁以下本地工人的雇主可在六个月内获得 20％的工资支持，最高上限为 6 000 新元。各个理工学院提供了企业管理技能、企业生产力和服务技能、品牌设计技巧、数据科学技能、财务分析技能、财务咨询服务技能、信息安全与取证技能、安全操作技能、软件开发技能等培训课程。

增强培训支持包（ETSP）。新加坡副总理、经济政策统筹部长 Heng Swee Keat 宣布开设增强培训支持包（ETSP），这些课程旨在增强参加培训学员的生活能力和促进学员的职业发展，以帮助受经济影响的部分行业渡过难关，同时使那些受影响的公司能够为以后的恢复做好准备。如共和理工学院提供了 50 多种 ETSP 课程，主要包括食品服务、艺术与娱乐、运动休闲、旅游等行业。公司作为雇主，派遣员工参加特定行业的培训时，可以获得 90％的课程费补贴。此外，ETSP 还提供缺勤的工资资金，数额为员工基本工资的 90％，每小时上限为 10 新元。自雇人士（SEP）如果参加针对特定行业的培训计划中的技能或认证培训，则有资格获得 90％的课程费补贴。虽然自雇人士没有资格获得缺勤的薪资，但是参加 Skills Future 系列课程或特定行业的培训时，可以使用 NTUC 培训基金来获得每小时 10 新元的培训津贴。

共和理工学院增强培训支持包课程介绍

——360度视频创作带来沉浸式体验简介[1]

这项为期一天的课程将为参与者提供规划、拍摄和编辑360度视频（也称为球形或身临其境的视频）的经验。使用视频录制设备和视频编辑软件经验的参与者将能够比较这种新媒体与传统做法的不同之处。该课程包括动手操作消费类和高级相机，以创建360度视频片段，然后操纵360度视频片段，以便可以使用典型的VR头戴式耳机以及其他在线媒体平台来体验它。参与者还将开发技能，以定位场景元素并指导动作在沉浸式VR环境的视野中发挥良好作用。

学习目标

在本课程的最后，参与者将了解沉浸式场景的遮挡，如何创建可行的360视频以用于VR体验，并具有一些基本的创建这种体验的能力。

参加对象

强烈建议有兴趣为媒体分发和沉浸式体验创建360视频的摄像机操作员、摄像师和跨媒体内容创作者使用本课程。

入学要求

期望参与者具有视频录制设备，iMovie和Adobe Premiere等视频编辑软件的基本经验，以及在摄像机移动、镜头尺寸、取景和视频编辑等领域对视频制作所用术语基本了解。

资质认证

新加坡共和理工学院继续教育学院颁发的出勤证书。

三、培养国际化人才，服务产业发展

职业教育是新加坡教育国际化的开始，新加坡高等职业教育在国际化过程中，形成了与外向型经济和国际化市场紧密结合的国际化课程体系，拥有国际化水平很高的师资队伍，以及完善的国际合作与交流机制。

---

[1]　新加坡共和理工学院继续教育学院网站．360视频创作带来沉浸式体验 [EB/OL].(2020-07-15)[2023-06-14].https://www.rp.edu.sg/ace/short-course/Detail/360-video-creation-for-vr-headsets-and-immersive-experiences.

（一）职业教育理念国际化

新加坡的高等职业教育是为了适应新加坡外向型经济的发展战略而产生的，因此高等职业教育从诞生之始就是面向国际市场的，以世界市场标准的技术去生产能够顺利打入国际经济市场的产品。随着经济增长方式由粗放型经济向集约型经济的转变，产业也需要升级，为了吸引技术密集型产业的外资大量投入，培养大量的与技术密集型产业相匹配的优秀人才的任务就由高等职业教育来完成。因此，新加坡的职业教育理念不仅先进，还超前。用明天的技术，培训今天的人才，为未来服务，是新加坡高等职业技术教育的发展宗旨。高等职业教育能始终预测社会经济发展，紧密联系国际市场的需求，始终看准最前沿的世界产业技能的发展，开设最具前瞻性的专业。新加坡高等职业教育的国际化发展战略，为国家的外向型市场经济和大量的跨国企业提供了可靠的人才保障。

（二）课程和评价体系国际化

新加坡的理工学院非常重视课程体系国际化。所开设的课程，在具体内容方面要紧密结合国际市场与外向型经济，学术界和境外的工商界还要鉴定这些课程设置的具体内容。美国式的学分制和选课制被新加坡在课程体系上采用，以实现课程的国际化与标准化；理工学院还采用外校评审其课程的制度，加强对课程实施的质量控制，以引起重视课程评价，在人才培养质量方面也能达到国际化标准。比如南洋理工学院的全日制专业文凭课程，不仅通过了国内外专家的审定，还获得新加坡生产力与标准局颁发的国际标准体系证书。

（三）师资培养国际化

新加坡国立理工学院的师资国际化程度较高，一是在招聘政策方面，倾向于国际化招聘。主要通过为教师提供舒适的环境、诱人的薪资等优惠条件，招聘一些来自日、美、德等国家的水平高、技能高、能力强、素质高的一些外籍教师。据不完全统计，到目前为止新加坡的理工学院外籍教师人数已经超过其教师总数的10%。二是新加坡很关注世界其他国家有关新科学技术的发展。为了使教师的知识得到及时更新，支持教师参加有关新技术的培训。三是在鼓励教师去海外学习、深造方面，制定了奖学金制度。为了教师能开阔国际视野，支持教师去进修，读更高一级的学位。

（四）合作与交流国际化

新加坡积极推进教育的国际化交流与合作，特别是与德国、日本等发达国家的合作与交流。主要表现在以下几方面：第一，营造"国际环境"。新加坡学校通过改进教育基础设施和落实学生保障计划，吸引国外的留学生，不断扩大国外留学生的规模，使国外留学生在新加坡学校里的比例提高。第二，不断拓展和国际名校的合作与共建机会，增强本国与国际教育的融汇与文化交流。比如有三所国际合作学院与新加坡南洋理工学院进行合作，分别是与德国合作的以机械制造为主的德新学院、与法国合作的以电气为主的法新学院、与日本合作的以信息为主的日新学院。第三，建立完善的校企合作机制，努力与大型的跨国公司建立校企合作关系。第四，新加坡高校独树一帜的"跨国办学"模式和全球性学生交流计划，增加了国际化交流，带回了国际化的理念和实践，加速了其教育合作的国际化进程。如新加坡国立大学创业中心建立的海外学院，让本校学生在全世界创业热点地区进行实地亲身感受。此外，新加坡国立理工学院和中国的10多所重点大学也建立了合作项目，包括北京大学、清华大学、上海交通大学、浙江大学等。全球化教育战略的推行，使得新加坡国立理工学院在与世界名校的交流与合作中，博采众长、融汇创新，进而也带动并形成了具有前瞻性和国际化水准的课程体系。

为培养具有国际化视野的人才，新加坡高校每年都有大量的国际交换生，有的到国外知名大学学习，有的赴各类知名创业型公司学习。新加坡政府专门设立"总统奖学金"和"公共服务奖学金"，每年都会选派优秀的学生和教师到世界一流大学去深造。同时，鼓励并帮助教师创造机会到海外大学讲课或在海外企业学习、兼职，进行交流、合作。

（五）招生国际化

新加坡每所理工学院都招收10%的留学生。2016年以前中国学生申请新加坡国立理工学院可通过当年中国高考成绩或参加新加坡"O"水准考试，凭"O"水准考试成绩申请下一年的学期。新加坡"O"水准考试也是新加坡本地学生申请政府理工学院的主要方式。2016年，新加坡教育局公布关于"O"水准国际学生招生工作政策的最新调整——自2016年1月1日起取消中国直招工作，中国学生想申请新加坡五所国立理工学院必须参加新加坡"O"水准考试。新加坡国立理工学院对外国学生开放助学金政策，给予 70% 的学费补助，但是必须在毕业后在新加坡本地工作三年。

（六）国际化人才培育计划

2019 年，新加坡贸工部推出"国际化人才培育计划"（The Global Ready Talent Programme，简称 GRTP），旨在在海外有业务的新加坡本地企业为毕业学生及本地年轻人提供海外公司实习及工作机会。新加坡的"国际化人才培育计划"，是从之前的"人才引进"变成"人才输出"，不过与一般的"人才输出"有所不同的是，将新加坡本地的人才输送至新加坡的海外公司。贸工部部长陈振声说："'国际化人才培育计划'未来五年，将为工艺教育学院、理工学院、大学生和年轻毕业生提供 5 000 个海外实习和工作机会。希望通过计划提高年轻人对海外市场和课题的认识和了解。"目前已有至少 60 家本地公司加入计划，提供具体的职位，协助年轻人走向海外。另外，新加坡企业发展局和高等教育学院将共同为海外实习提供旅费和生活津贴，同时新加坡企业发展局也将为加入计划的本地企业提供高达七成的津贴。

第四节　德国高校社会服务功能实现的成功经验

德国位于欧洲的中部，是工业发达国家。德国的各类教育主要由各州负责，联邦政府主要负责教育规划和职业教育。德国高等教育发达，到 2022 年底有高校 423 所，大学生 2 920 263 人，全职教职工 275 599 人[1]。德国私立高等教育机构也很发达，截至 2022 年 12 月，德国共有私立高等教育机构

---

[1] 德国联邦统计局官网.Total of higher education institutions[EB/OL].（2023-08-08）[2023-08-19].https://www.destatis.de/EN/Themes/Society-Environment/Education-Research-Culture/Institutions-Higher-Education/Tables/type-institution.html.

114 所，其中应用科学大学 86 所[1]。

　　德国的职业教育也很发达，"双元制"（dual system）在德国有一百多年的历史，在双元制职业教育学习中，专业知识的学习在职业学校进行，实践操作训练在企业进行，每周在职业院校学习一天，其余时间在企业接受培训，或者每个月集中一周或每个学期集中几个月在职业院校学习，其余时间在企业培训[2]。据德国联邦统计局统计，2022 年，德国共有 468 900 人签订了"双元制"新的学徒合同，比 2021 年增加了 0.6%，其中工业和贸易领域的新学徒合同增加 209%，工艺行业减少 2.3%[3]。根据职业的不同，"双元制"的培训时间在两年至三年半之间。培训也可以在非全日制的基础上完成，除了必须完成强制性全日制教育的证明外，在参加"双元制"培训之前，不再需要参加其他学习。学徒从雇主那里得到培训津贴，也就是说，他们在学徒期间是有报酬的。学徒学习结束要参加行业协会的考试，获取相关证书，用以证明他具备了国家承认的职业从业能力。双重职业培训取决于学校证书和性别的明显差异。德国学徒的职业选择在很大程度上取决于其毕业证明和性别。2022 年德国联邦统计局报告显示 516 000 名潜在学徒中有 42% 获得中级资格，29% 获得高等教育入学资格和 24% 获得普通中学证书，学徒分布在总共 470 个职业培训职业中。2022 年，德国大约 239 000 名年轻人开始了学校和学徒期之间资格认证课程。目的是通过这些课程获得基本的职业知识或获得普通中等或中学证书，以提高获得学徒机会。与 2021 年相比，2022 年德国新参

[1]　德国联邦统计局官网.Private institutions of higher education[EB/OL].（2023-08-08）[2023-08-19].https://www.destatis.de/EN/Themes/Society-Environment/Education-Research-Culture/Institutions-Higher-Education/Tables/private-institutions-of-higher-education-total.html.

[2]　刘淑云，祁占勇 . 德国职业教育制度的发展历程、基本特征及启示 [J]. 当代职业教育，2017(6)： 104-109.

[3]　德国联邦统计局官网.Vocational training in the dual system: number of new apprenticeship contracts slightly up in 2022[EB/OL].(2023-04-12)[2023-08-19].https://www.destatis.de/EN/Press/2023/04/PE23_144_212.html.

加资格认证课程的人数增加了 6%，即 14 000 人[1]。

一、注重跨企业培训中心建设，服务企业发展

德国跨企业培训中心，是公共职业教育机构，是德国职业教育的重要补充平台，为德国的职业教育人才培养作出了重要的贡献，同时也为中小企业提供了优良的服务。除了为多样化的学习群体提供补充教学服务以外，也强调为工业 4.0 背景下的中小企业培养数字化技术人才，并为中小企业提供技术创新成果转化。跨企业培训中心存在和发展的重要使命是为多样化的目标群体提供丰富、高质量的教育服务[2]。随着经济的发展，企业面对技术创新的压力也越来越大，但是中小规模的企业通常很难实现核心技术的系统创新，中小企业非常渴求外部的技术咨询服务，因此跨企业培训中心也为中小企业提供咨询服务。跨企业培训中心在服务中小企业，满足数字化技术发展需求，在企业学徒教育、员工继续教育和进修培训、技术咨询与服务等方面发挥重要作用。2019 年 7 月，德国跨企业培训从推广数字化设备、促进跨企业培训中实时新技术、依据职业的数字化发展趋势、设计跨企业培训教学与学习过程等方面加强跨企业培训中心建设[3]。此外，德国通过政策法规制定、双元制实施、评估机构设立等方式保障校企之间的合作，提高了人才培养与社会需求的契合度。

二、人才培养国际化，提供充足人力资源

2016 年，英国文化协会对英国、美国、德国和中国等 26 个国家的教育国际化程度的调查显示德国的教育国际化程度堪称世界第一。德国越来越多

[1] 德国联邦统计局官网.Higher number of new participants in qualifying programmes between school and apprenticeship in 2022 for the first time since 2016[EB/OL].(2023-03-20)[2023-08-18].https://www.destatis.de/EN/Press/2023/03/PE23_112_212.html.

[2] 鄂甜. 德国跨企业职教中心改革新动向及其启示[J]. 职业教育研究，2018(11): 81-87.

[3] Förderung von Digitalisierung in überbetrieblichen Berufsbildungsstätten (ÜBS) undKompetenzzentren[EB/OL].(2019-06-28)[2023-07-13]. https://www.bibb.de/de/36913.php.

的高等学校进行国际化办学，与海外多个国家进行合作办学。同时也吸引了越来越多的国际留学生，生源国际化越来越明显。此外德国通过"学位制度的国际化转换"、"学分体系的国际化互认"以及搭建"终身学习资格框架"拓宽了高校毕业生继续深造的渠道，不仅提升了德国高校的知名度，也给德国工业和新兴产业的发展提供了充足的人力资源。

三、深化产学研合作，提升社会服务能力

除了培养当地企业需要的专业技术人才，德国高校也加强与所在地区政府、企业、行业联系，与当地企业和科研机构进行了大量合作，服务地区经济、文化、社会发展。高等学校建立技术支持和转化部门，对高校学生、教职员工进行创新创业培训。德国的科研机构集中且特色鲜明，主要有马普学会、弗朗霍夫协会、亥姆霍兹联合会、莱布尼茨学会，分别专注于前瞻性研究、应用研究、以大型基础研究设施为特点的紧急研究和预防性研究、综合研究。高校和科研机构在科研项目上合作非常紧密和频繁，高校和企业进行技术创新合作也非常便捷，德国拥有非常完善的知识产权管理制度，高校科研成果转化率非常高。

第三章 我国高职院校社会服务的现状

第一节 我国高职院校社会服务能力现状分析

一、我国高职院校社会服务能力的特点

据 2022 年教育部统计数据，我国共有高职院校 1 521 所，其中本科层次职业学校 32 所；在校生 1 693.77 万人，其中职业本科在校生 22.87 万人，高职（专科）在校生 1 670.90 万人；毕业生 494.77 万人，比上年增加 96.36 万人，增长 24.19%。专任教师 63.73 万人，其中本科层次职业学校 2.78 万人；高职（专科）学校 61.95 万人 [1]。

（一）经济发达地区高职院校社会服务能力更强

我国高职院校社会服务能力在逐年增长，沿海经济发达地区的高职院校社会服务能力明显强于不发达地区，说明经济发达地区的高职院校与当地的产业、企业互动良好。《中国高等职业教育质量年度报告》自 2012 年以来连续发布，已成为社会了解高等职业教育的重要窗口，也是高职院校普遍认可的学校评价平台。其中，"服务贡献 50 强"根据技术开发服务、就业贡献和培训服务三个维度，结合办学规模、毕业生就业去向、横向技术服务到款额、纵向科研经费到款额、横向技术服务产生的经济效益、技术交易到款额、社会培训到款额和公益性培训服务 8 个指标综合评定的，反映了高职院校对国

---

[1] 中华人民共和国教育部网站.2022 年全国教育事业发展统计公报[EB/OL].(2023-07-05) [2023-08-20].http://www.moe.gov.cn/jyb_sjzl/sjzl_fztjgb/202307/t20230705_1067278. html.

家战略和经济社会发展的服务贡献度和支撑力。《2022 中国职业教育质量年度报告》从基础贡献、技术贡献、培训贡献、专利贡献等 4 个维度，结合院校服务贡献案例遴选出 60 所服务贡献典型院校，广东、浙江、江苏 3 个沿海经济发达的省份有 39 所高职院校入选。

（二）服务区域经济发展

2022 年高职院校毕业生留在本地就业的人数一直在稳定增长，占毕业生总数的 60% 左右，每年有超过 200 所高职院校就业比例高达 80%，40 多所高职院校连续 4 年毕业生留在本地就业保持在 80% 以上。高职院校毕业生成为中小微企业员工的主要来源，越来越多的毕业生扎根中西部地区，服务中小企业发展，服务中西部地区发展。《2022 中国高等职业教育质量年度报告》显示，高职院校瞄准产业一线，成为服务实体经济的"生力军"。在现代制造业、战略性新兴产业和现代服务业等领域，一线新增从业人员 70% 以上为职业院校毕业生。部分高职院校主动对接农林牧渔产业的技术升级、业态调整和岗位变化，开展"全链条"人才培养，涉农专业毕业生"学农从农"意愿不断提升。2021 年，全国共有 55 所高职院校被评为乡村振兴人才培养优质校。此外一批高职院校利用当地丰富的红色文化资源，成为所在区域甚至辐射全国的红色文化研究与传播基地。全国有 163 所高职院校开设了传统特色工艺类专业，专业布点数 208 个，全日制在校生人数达 2.6 万，通过开设非遗专业、开发非遗课程、成立工作室和非遗社团、打造创业项目等举措，构建非遗文化教育体系，在中华传统技艺保护与传承中积极作为[1]。

（三）服务市场需求

多所学校服务市场需求，打造技术服务品牌，加强技术开发，支持成果转化。高职院校专业尤其是对应区域支柱产业、战略性新兴产业的重点专业和紧缺专业的布局与发展，直接关系到高技能人才培养对区域产业的支持力度。各个高职院校所在地政府都应加大投入力度，保证高职院校有足够的经费用于专业建设与教学；设立专项资金，引导高职院校重点建设对应区域支

---

[1]　翟帆 .《2022 中国职业教育质量年度报告》发布　职业教育进入提质培优增值赋能快车道 [N]. 中国教育报，2023-04-18（05）.

柱产业、高端技能型人才供求缺口较大的紧缺专业,服务于市场需求。据统计,150多所高职院校技术服务到款金额超过了500万元,产生的经济效益超过了1000万元。全国高职院校2018年为社会提供职业技术培训到款额累计超过50亿元。

(四)服务产业发展

高职院校根据地区新兴产业发展规划,针对目前专业布点的实际,挖掘自身的资源条件,并联合所在地区教学资源,培育与新能源、新材料、新医药等新兴产业对接的新兴、边缘、交叉专业,实现职教专业体系对经济产业体系的全覆盖、学校重点专业对所在地区重点产业的全配套,重点服务企业特别是中小微企业的技术研发和产品升级,使职业教育成为实施创新驱动发展战略的"动力源"。

如株洲职教科技园从2009年正式启动建设,截至2022年12月职教园核心区已初具规模,累计完成投资220亿元,湖南有色金属职业技术学院、湖南工贸技师学院、湖南铁路科技职业技术学院、湖南商业技师学院、湖南化工职业技术学院、湖南铁道职业技术学院、湖南汽车职业学院、湖南中医药高等专科学校、株洲师范高等专科学校9所院校先后建成。2013年,株洲职教科技园被省政府批准更名为湖南(株洲)职教科技园。2023年更名为湖南九郎山职业教育科创城,株洲职教园区对接株洲千亿产业群及新兴产业、优势产业,重点建设好轨道交通装备、汽车、航空、服饰和陶瓷等10个品牌特色专业和10个特色专业群,完善服务化工、医药、健康和现代服务业、现代农业的专业体系。充分发挥各级产业协会、行业协会对职业教育的指导作用,成立覆盖全市重点专业、特色专业的行业教学指导委员会,指导职业院校专业建设、课程改革和人才培养质量评价,健全专业随产业发展动态调整的机制,以适应不断变化的人力资源市场需求。研究表明,随着长株潭城市群的发展,各重点建设产业的发展,株洲区域经济的发展需要大量的中高端技能型人才。尤其在交通运输设备、新能源汽车、服装纺织、陶瓷、医药等行业,相关企业需要针对员工进行相关技术培训。株洲职业院校有10个市级高技能人才培训基地和4个校企合作生产性实习实训基地,依托这些资源职业院校可向企业劳动者提供职业培训、技能实训、职业资格鉴定、生产实践等公共服务。

加快推进职教科技园建设，创新职教园区管理体制机制，建立职业教育工作联席会议制度，健全职业院校自治管理制度。通过职教科技园建设，中高职相互衔接、学历教育与职业培训相互沟通的模式，称为"职业教育立交桥"，探索构建与区域产业发展相适应的现代职业教育体系。让株洲职教城完整对接产业，整合专业，提升职业教育服务经济社会功能。按照一校 2～3 个主体专业大类布局的原则，对接产业，整合专业，提升职教资源的使用效率。

二、湖南省高职院校社会服务能力现状分析

（一）提供人力资源支持，促进湖南社会经济发展

2022 年，湖南省共有高等职业院校 77 所，全日制在校生 79.82 万人，培养规模居全国第 5 位。2022 年，湖南省高职院校共有毕业生 24.57 万人，比 2021 年增加 13.54%，对口就业率 74.86%，在湖南省内就业率达 63.42%。从毕业生就业去向看，近三年到中小微企业等基层就业人数持续增长，2022 年，到中小微企业等基层就业人数 15.69 万人。近年来，就业率较高的专业为水利工程、观光农业、卫生信息管理、多媒体设计与制作、多媒体设计与制作、高速铁道技术、高速铁路信号控制、电气设备应用与自动化、新能源汽车技术等专业。主要服务于工程机械、现代农业、电子信息、文化创意、轨道交通、智能制造、汽车等战略性新兴产业。持续办好职业教育创新创业大赛，获奖项目优先享受大学生创业孵化基地入驻和创业基金会扶持等优惠政策。2022 年，湖南省高职院校学生参与创新创业活动的比例为 60.02%，当年入驻创新创业孵化基地项目 1342 个。2022 届毕业生自主创业比例 0.92%。此外，湖南强力推进把学校建在开发区里，已建成株洲职教科技园、长沙职教基地等多个职教城，形成了深度对接四大区域功能板块的院校布局；坚持把专业建在产业链上，在全国率先实施示范特色专业群建设计划，打造了一批深度对接支柱产业、新兴优势产业、地方特色产业的专业群。

（二）技术服务能力提升，经济贡献力增强

2018 年，湖南省高职院校横向技术服务到款额 25 552.98 万元、技术交易到款额 11 696.10 万元，与 2017 年相比较分别增长了 66.04% 和 160.15%。横向技术服务产生的经济效益达 93 284.31 万元，校均达到了 1 332.63 万元。

校企共建"湖湘工匠"培养基地 764 个、员工培训中心 120 个、工程技术创新中心 138 个，已成为技术创新的"孵化器"。高职院校依托工程技术中心、创新研发中心、湖南省自然科学基金科教联合基金项目等平台，聚焦产业发展的一些重大、关键性技术难题，参与企业技术改造与更新，开展技术创新和技术服务，为实施"一带一部"战略提供技术支撑。

（三）社会培训数量规模上升，在职人员素质提高

湖南省 70 多所高职院校都积极开展社会技术技能培训，为再就业和在岗人员提供培训，为区域经济社会发展提供智力支持。2022 年，开展职业培训总人数达 57.85 万人，其中承担补贴性培训人数 12.57 万人，非学历培训学时达到 777.18 万学时，非学历培训到款额达到了 35 407.96 万元。其中湖南商务职业技术学院、湖南工业职业技术学院等 26 所高职院校面向农村劳动者举办了乡村振兴致富带头人、助农电商、库区移民焊工等 140 期技能培训班，培训人数达到了 3.5 万多人次，有效提升了农村劳动者职业能力。校企合作培养的企业员工中，有 5 786 人获"技师"或"高级技师"职称。湖南省高职院校为省内在职人员素质的提升和专业技能的提高作出了卓越的贡献。

（四）助力"一带一路"倡议，培养国际化人才

湖南高职院校积极开展中外合作办学，提升了湖南高职院校国际化水平，培养了一批具备国际化视野的中高级技能人才。2022 年，湖南省长沙民政职业技术学院、长沙航空职业技术学院、湖南铁道职业技术学院等 7 所高职院校开展了中外合作办学，开设康复治疗技术、飞行器维修技术、机械设计与制造等 9 个专业，招生 285 人。至 2022 年，湖南省高职院校与国际机构和组织、海外高校和企业合作，开发国际化课程标准 431 个，向国外输出职业标准 175 个。此外，湖南省高职院校不断拓展国际化办学形式与路径，在境外办学点达到 16 个，近三年招生 1 501 人，累计培养、培训境外学生和员工 2 445 人。如湖南大众传媒职业技术学院与长安大学联合申请承办的马尔代夫共和国维拉学院汉语中心获批，成为全国第一所承办海外汉语中心的高职院校；湖南外贸职业学院依托学校在喀麦隆设立的培训机构，开展刺绣技术、首饰加工技术培训，2022 年共培训当地手工艺人员 38 人。

第二节　我国高职院校社会服务面临的困境

一、相关体制不够完善

传统的教育理念使得很多企业和个人对于高职院校的社会服务能力不够重视，认为高职院校的科研水平和人才培养水平都比普通高校要差，地方政策也向普通院校倾斜，在政府和企业进行技术研发合作和项目咨询时往往忽视高职院校的存在。因尚未出台有关的规定以及政策、方针等，使得高职院校没有较为完善的管理机制，主要体现在：有关部门并未设立专门的工作机构或者人员对高职院校社会服务工作进行有效管理，致使高职院校在和企业展开合作以及服务于当地时，不能制定长远、合理的规则，极度缺乏连续性以及整体性，服务也缺乏系统性以及长期性；个别高职院校会受到办学经费不足问题的严重影响，而其自身与社会服务开展的相应奖励系统尚不完善，同时很多教师在参与到社会服务工作之后，无法有效地量化考核其成果，最终致使这些教师参与社会服务的主动性以及积极性逐年降低。提高高职院校社会服务能力需要有足够的社会服务经验，申报项目、申请资金等政策体制上的困难以及输出人才上的困难一定程度上会打击高职院校自主提升社会服务能力的积极性。

毋庸讳言，我国在高职院校的定位方面失之偏颇，数千年来"劳心者治人，劳力者治于人"的理念令我国社会各界至今都缺乏对"技术立国"的重视、缺少对"工匠精神"的传承，没有如德国汽车工业、日本电子工业这类提升民族自豪感的标志性工业。很多高职院校的立校之本都不在于对应用型人才的培养，并且也缺乏明确的发展规划，尤其体现在很多高职院校不重视科研工作，认为高职院校只要做好教学工作，不需要注重科研工作，即使搞科研也很难有成果。这样培养出的人才虽然在操作技能上有着较高的水平，但随着专业领域技术的不断发展，人才难以适应，不能跟上发展的步伐，可替代性比较强，造成了高职院校社会服务能力低的印象。

二、部分教师社会服务能力不强，服务质量较低

（一）部分教师社会服务能力不强

由于社会对高职院校的偏见导致高职院校在教师招聘时竞争力明显低于本科院校。很多教师把就职高职院校作为自身教师生涯的一个跳板，这使得高职院校缺少能够作为中坚力量的中年骨干教师。虽然年龄较大的教师在教学经验和科研等方面都有着很高的水平，但科学技术的发展日新月异，很多专业课程需要的理论和设备每年都有一定的变化，年龄较大的教师教学理念和方法相对保守，不容易适应这样高速变化的专业教学。而年轻教师虽然有较强的学习能力，能够快速掌握新型技术和设备，但由于教学经验不足，没办法灵活运用教学方法。这些综合因素在一定程度上也阻碍了高职院校提升社会服务能力。一些高职院校的教师主要是相应高校毕业的学生，其在毕业之后直接进入了校园任教，他们对专业、行业的掌握依旧滞留于理论层面上，但是在校园教学、管理工作中，却承担了社会服务、日常教学以及科研等众多任务。与此同时，很多教师把日常教学作为主要职责，没有将较多精力、时间投入社会服务以及科研当中。除此之外，这部分教师由于缺少社会经验，不能有效掌握社会中各项技术的发展趋势。种种原因，致使高职院校无法有效开展社会服务工作。

（二）部分教师服务质量较低

个别高职院校，由于其办学时间不长，自身科研水平不高，使得这些高职院校在发展过程中，科研课题当中的横向课题占比极低，同时和当地企业的技术合作服务项目也很少，导致科研经济效益以及质量都不高，很多科研项目无法被有效转化成科技生产力应用于当地的经济发展过程中，具有严重的"生产—科研"脱节现象，最终导致整体服务质量较低。除此之外，这些高职院校社会服务方式、内容相对单一，甚至依然停留在继续教育、成人教育以及鉴定、培训技能等方面，同时也没有较宽的社会培训区域以及专业覆盖面，没有较深、较广的培训，所以相应社会效益也不高。

三、培养的学生质量与企业需求难以协同

（一）专业设置不合理

随着高职院校的快速发展，不少高职院校为了扩招，设立了很多新兴专业，如前几年较为火爆的电子竞技专业。在本身教师队伍构成不够合理、教师精力有限的情况下，盲目新增专业会拉低高职院校的整体教学水平。并且在新兴专业教学水平的考核上，还没有建立起一套完善的考核体系，不少高职院校为了保障就业率，增加院校的招生竞争力，忽视了就业质量，没有严把"出口"，一些不够上进、"混日子"的学生也能够顺利毕业，进一步降低了高职院校的社会服务能力。

以湖南省为例，2018—2022 年，湖南省第三产业占比持续上升，经济结构正在发生重大变化，转型升级进入关键阶段，养老、健康服务、文化创意等产业更具发展潜力，三次产业结构调整为 11.5 ∶ 44.6 ∶ 43.9。然而，被调查学校的三次产业结构专业设置数比例为 3.4 ∶ 22.3 ∶ 74.2，三次产业结构专业计划招生人数比例为 3.2 ∶ 25.8 ∶ 71.1。如作为湖南省具有发展潜力的新材料产业，其在未来的迅速发展已成为必然趋势。2022 年，湖南省仅开设 10 个"新材料"专业，专业布点数也仅有 12 个，主要涉及高分子材料、复合材料工程技术、建筑材料工程技术、光伏材料制备技术、航空材料精密成型技术、金属材料、材料工程技术及热处理技术等。同时，湖南省高职院校"新材料"专业的在校生人数仅为 3 099 人，占在校生总人数的 0.55%，远远不能满足未来产业发展的需求。

再以湖南省高职院校汽车专业为例，2023 年湖南省有高职院校 77 所，共有 32 所高职院开设了汽车制造与装配技术、汽车电子技术、汽车运用与维修技术、汽车车身维修技术、汽车营销与服务、汽车检测与维修技术、新能源汽车技术、汽车智能技术 8 个专业共计 79 个专业点。开设专业点数排在前四位的是汽车营销与服务、汽车检测与维修技术、汽车电子技术、汽车制造与装配技术。32 所学校中有 22 所学校开设了汽车营销与服务专业。79 个专业点中汽车维修相关专业占 39%（含汽车检测与维修技术、汽车运用与维修技术、汽车车身维修技术）。工信部解读《中国制造 2025》中提出规划"到

2025 年，与国际先进水平同步的新能源汽车年销量 300 万辆，在国内市场占 80% 以上""到 2025 年，掌握自动驾驶总体技术及各项关键技术，建立较完善的智能网联汽车自主研发体系、生产配套体系及产业群"[1]。但是高职院校在新能源汽车、汽车智能技术专业设置这块明显落后于汽车企业的发展需求，新能源汽车厂难以招聘到所需要的数量和质量的技术技能人才。课题组通过调查发现，湖南省 32 所开设汽车类专业的高职院校中只有 8 所高职院校开设了新能源汽车技术专业，占整个汽车专业设置点数的 6%。开设汽车智能技术专业的学校更少，仅有湖南汽车工程职业学院和湖南电子科技职业学院 2 所学院开设了该专业。这远远不能适应汽车新能源、智能化、车联网技术快速发展对汽车人才的需求，不能适应《中国制造 2025》对汽车技术技能人才的需求。

还有多个学校重复开设热门专业，如计算机网络技术、商务英语、电子商务等专业有至少 40 个以上高职院校开设相应专业。而社会工作、社区管理与服务等现代服务类专业开设的学校少，招生数量少，家政、养老等社会领域专业办学还不够完善。另外，还存在着社会需求量增长较快职业的高职院校都没有开设相应的专业，如电子竞技运动与管理、中小企业创业与经营、水净化与安全技术等专业。

（二）学生培养质量不高

以汽车行业为例：一方面，随着汽车产业的发展，汽车企业对汽车技术技能人才的需求数量日益增长，但是却招不到合适的人才；另一方面，大量的汽车专业高职毕业生就业困难找不到合适的工作。在《中国制造 2025》背景推动下，汽车产业迅速发展，随着汽车企业对产品的不断升级改造，新技术、新工艺不断替代、升级和应用，企业对技术工人的技术能力和职业素质要求越来越高，部分企业的关键岗位上的技能型人才十分短缺。高职院校积极主动对接汽车支柱产业积极性不够，教学内容与企业实际技术变化难以协同，难以跟上汽车产业技术的更新发展；学校评价与企业评价不协同，教学评价

---

[1]　装备工业司.《中国制造 2025》规划系列解读之推动节能与新能源汽车发展[EB/OL].
　　　(2016-5-12)[2023-07-31]. https://www.gov.cn/zhanti/2016-5/12/content.5072762.html.

与企业、社会的需求不协同；培养的学生质量难以与汽车企业的需求协同。从而导致培养的学生不能胜任所应聘的岗位，难以满足企业对技术技能人才的要求，难以适应汽车产业转型升级发展的需要。

四、学生创新创业能力不足

（一）创新创业教育与专业教育尚未有机融合

当前，高职院校已越来越重视创新创业教育，但创新创业教育与专业教育还未形成有机融合，专业课程中没有渗透创新创业教育。究其原因：一是大学生技能大赛和大学生创新大赛是分开进行的，大学生技能大赛比的是技能熟练程度和精确度，而大学生创新大赛则侧重技能开发，这就容易使人误认为学校的创新创业教育与专业教育应分开进行。二是分管的部门不同。专业教育由教学管理部门负责，创新创业教育由招生就业部门和学生工作处负责，这就使得创新创业教育与专业教育人为分离。有的学校只是将创新创业教育作为大学生职业生涯规划或者就业指导中的一部分，与专业课程脱节。三是没有形成体现专业特点的多层次创新教育体系。创新创业教育强调的是创新思维和敢为人先的实践参与，而专业教育强调的是专业理论知识与专业实践模拟训练。当前，高职院校在创新创业教育课堂教学中缺少系统的教材，还没有形成体现专业特点的多层次创新创业教育体系。创新创业教育与专业教育是互相支撑、相互融合的整体。如果离开了专业教育，创新创业教育就成了无源之水、无本之木，显得浮泛空洞；专业教育如果离开了创新创业教育，学生的专业技能就保守僵化，难以跟上技术前沿的发展趋势。在专业教育中融入创新创业教育，可以激发学生对专业知识与技能的学习兴趣，进而提升学生专业学习的效率。在学生具有专业知识的基础上进行创新创业教育，就会使创新创业教育更加贴近学生未来工作领域的实际场景，更加容易启发学生的想象力和创造力。因此，只有建立创新创业教育与专业教育融合机制，才能提高创新型人才的培养质量。

（二）创新创业教育缺乏相应的专业教学师资力量

创新创业教育与其他课程相比具有显著的专业实践性特点，因此，承担创新创业教育的教师不仅需要具备创新思维，还必须具有专业实战的经验。

然而，有些指导创新创业竞赛、模拟实践活动的教师并不是本专业的教师，这些指导教师没有经过系统的专业学习和培训，缺少专业技术创新的实际经验，缺乏专业实践的技能，指导不得要领，结果可想而知。

（三）创新创业教育的专业氛围不足

一些院校缺乏鼓励学生创新创业的环境氛围，创新创业教育只是校园文化活动中的点缀。创新创业教育仅仅停留在举办几场讲座、开展几次创新竞赛活动上，而没有让学生在创新创业的氛围与专业学习的氛围中潜移默化地培养创新创业素质。良好的创新创业文化氛围与专业教育是分不开的。有了专业教育实践活动的基础，才能培养学生的创新创业意识、创新创业素质和创新创业精神。在专业教育教学中巧妙地融入创新创业教育活动，学生的创新创业能力才可能随着专业学习能力的提高而增长。让学生在学一行中会一行、干一行中钻一行，享受到专业技能与创新实践叠加效应带来的快乐。

五、社会服务能力评价主体单一、指标设置不合理，评价效能不高

（一）评价主体单一，高职院校缺乏自身动力

目前高职院校社会服务能力的评价主体主要是各级教育行政部门，比如基于优质校、骨干校、示范校、卓越校等项目验收的需要进行社会服务能力评价考核。从本质上来说，这些考核具有比较强的时效性和阶段性。以教育行政部门为主体的社会服务能力考核评估标准难以兼顾社会的多元主体利益诉求。而且，从实际效果看，因为这种评判是自上而下的，高职院校处于被动地位，缺乏自身的动力，很容易产生形式上的应付评估；社会和企业置身事外，缺乏支持的力度。社会服务在高职院校办学中占有非常重要的地位，这种评价主体单一的社会服务能力评价不利于推动高职院校社会服务能力的发展，有效的保障人才质量的评价体系应该以社会评价为主导。

（二）评价指标设置不合理，侧重结果性评价

高职院校社会服务能力评价指标的设置不合理，侧重结果性评价。主要问题体现在以下方面：在各种社会服务能力评价指标考核体系中，一级指标、二级指标、三级指标同级指标划分的标准不一致，各级指标之间缺乏内在的逻辑性，联系不紧密；指标设置注重结果性评价，忽视过程性评价；注重定

量评价，忽视定性评价；同一指标体系评价不同类型的高职院校不能体现高职院校本身的特色；指标体系的构建主观随意性大，缺乏科学规范的构建流程与方法的应用，影响评价的客观性、准确性、公正性、科学性；夸大某一方面的评价指标，如将毕业生就业率完全与社会服务能力挂钩等同于高职院校培养质量，过于注重高职院校的科研产出能力和成果转化率；等等。

六、职教资源分布不均，科技成果转化率不高

职业教育发展不平衡不充分问题依然存在，区域间、城乡间、校际间发展不平衡。省内地市州之间职业教育资源不均衡，经济相对发达地市州职业教育资源丰富，相关专业点数量较多，专业点开设比例较高，为当地经济发展提供大量人力支撑。经济相对落后地市州职业教育发展不足，不能适应当地经济发展水平。以湖南省为例，从全省范围资源来看，长沙作为省会城市，高等职业教育资源丰富为长沙经济发展提供了大量的技术技能人才。除长沙以外，仅株洲、湘潭、衡阳高职资源稍好。其他区域高职教育发展远远不足，不能满足当地区域经济发展。2022年，湖南省共有高职院校77所，长株潭区域就有48所，占62.63%，特别是长沙市的高职院校数量差不多占了全省的一半，有高职（专科）院校34所，其次是株洲和湘潭，株洲有高职（专科）院校7所，湘潭6所（公办5所，民办1所），其他中小城市零星分布。湖南省高职院校服务贡献20强中前10名有9所学校是长株潭地区的高职院校，形成了高职院校集中分布在长株潭地区，邵阳、怀化、湘西自治州、张家界等地区高职院校偏少的布局，使得高职院校服务中小城市的力度明显不足。同时，湖南省70%以上的科研平台都集中在中南大学、湖南杂交水稻研究所等重点综合性大学、科研院所以及少部分国有大中型企业，而高职院校创新资金、创新人才和创新平台相对缺乏，造成创新资源两极分化，区域经济发展失衡。

2022年，湖南省高职院校申请专利1万余件，其中授权发明专利200余件。实用新型专利、外观专利、软件著作等类型的专利授权较多，发明专利授权少。专利成果转化到款290.75万元，实现产业化的专利不多，部分高职院校的科技成果转化率为0。直接为湖南地方经济服务的比例偏少，应用转化率不高。

高等职业院校多以出成果为导向，以争取政府奖励、立项课题项目、发表论文、著作为目标，离商业化应用有较大距离，而企业需求的创新成果则是工程化的成熟技术，以经济效益为目标。

（一）科研成果与市场结合度较低

科研成果与市场的需求、企业的需要脱节，很难真正转化为适合市场需求的商品。高职院校理论研究型科研项目居多，技术应用型科研项目较少；纵向科研项目居多，易转化的企业横向科研项目较少。科研人员在研究过程中很少与相关企业交流，很少及时进行市场考察，经常是"闭门造车"。一些技术应用型课题也是以论文报告形式结题，即使部分项目成果有申请到专利，但是一旦结完题，就束之高阁，很少去积极转化为产品或是论证有无开发应用前景、到底能产生多大的经济效益。

（二）科研成果评定可信度下降

有些课题项目在申报、立项时很积极，具体研究的过程三天打鱼两天晒网，结题草草收场，虎头蛇尾。成果鉴定时候打马虎眼，导致一些"问题成果""垃圾成果"得以通过鉴定或结题，这些所谓的成果自然无法转化，也不能转化。

（三）科研成果评价体系不完善

部分高职院校以发表论文和申请课题项目的数量、所获奖励级别、参与人学术地位的高低、有无专著和专利来作为衡量教师科研能力的标准。忽略了教师科研能力的培养与技术应用型技术人才培养的结合，忽视了成果的实用价值，削弱了高职院校应有的科研活力，导致科研人员推崇纵向课题，忽视横向合作，重视教育教学研究，忽视应用技术的研究与推广，制约了科研成果的产出与转化。

（四）管理薄弱，机制不全

大部分高职院校虽然成立了专门的科研管理机构开展科研工作，也制定了一些相关政策，但因落实不到位、缺乏有效的管理机制，科研管理工作流于形式。专职科研人员配备不足，很多高职院校科研处、学报、高职研究所都是"一套人马三块牌子"。科研制度不完善，科研管理工作缺乏宏观指导和长期规划，科研评价体系不完善，考核制度、奖惩制度和约束制度不到位，很多教师没有科研压力和动力，缺乏科研方面的专题培训与指导。

第三节　影响高职院校社会服务能力的因素分析

　　高职院校提供社会服务的效率和质量是其服务能力高低的体现，高职院校的综合实力和外部环境分别是服务能力的内、外影响因素。而高职院校的综合实力体现中，人力资源是一个关键能力要素，设施设备、技术资源及服务时间是能力发挥的条件要素，服务对象参与是一个重要的辅助要素。

一、外部影响因素

　　（一）服务能力存在地区差异，高职院校社会服务能力与地方经济发展水平呈正相关关系

　　从地区间的对比来看，人均 GDP 值和常住人口数高的地区，高职院校的服务能力也强一些。地级市所属高职院校在人力、财力、物力方面的投入，社会服务的能力均与人均 GDP 和常住人口呈现高度一致的趋势。通过调查发现，经济发展水平高的地区其所属的高职院校的综合实力越强，其在人力、财力、物力方面的投入越多，其社会服务能力也越强。社会经济水平通过行业需求来影响服务能力的发展。经济发展水平较高的地区所属的高职院校的校企合作企业数、合作企业订单培养人数以及比例、产学合作覆盖率、企业培训人次、合作企业岗位实习学生数、科研成果转化率均优于经济水平发展较慢的地区。所以，高职院校社会服务能力的影响因素与所在地区的经济发展状况密切相关，高职院校社会服务能力的提升离不开当地经济社会的宏观背景。

　　（二）健全完善的政策支持机制和环境是重要外部影响因素

　　高职院校对服务地方社会工作的倡导、组织、协调与管理是将学校潜在的社会服务能力转化为现实服务能力的重要环节，对提高社会服务能力具有重要的影响。目前我国还没有健全完善的政策支持机制对高职院校进行社会服务的合作准则与运行机制进行权威与完整规范，学校和企业所签订的协议

缺乏规范性文件，履行协议缺乏监督协调，对校企合作中企业和学校应承担的责任和义务缺少法律约束。缺乏鼓励教师参与社会服务的配套奖励机制，积极参与社会服务的教师难以得到教学（科研）工作量的认定和必要的奖励。高职院校对于社会服务工作，缺乏统一的协调、跟踪和管理，学校没有专门的机构或对口部门来统筹协调和规划，对地方社会的服务需求缺少了解与沟通，一些已经开展的服务项目也因为缺乏跟踪和有效组织，或半途而废、无果而终，或难以深入、浅尝辄止。对如何实现科研成果转化，也缺乏理论指导和实际操作经验，尤其缺乏相应的提供服务和接受服务的支持环境。

（三）服务对象参与是重要的辅助因素

企业或者事业单位是否愿意积极与当地高职院校合作，真正参与到社会服务中来是高职院校社会服务能力提升的重要辅助因素。课题组通过随机抽取 30 个企业，调查其是否有意愿跟本地高职院校进行产学研合作，如果愿意合作，希望高职院校能为企业提供什么服务。通过调查发现企业更愿意与本科院校进行产学研合作，而对于与高职院校进行产学研合作积极性不高，即使有意愿合作，也主要出于对技能型人才的需求。

二、内部影响因素

（一）学校与地方经济关联度直接影响社会服务能力水平

高职院校社会服务能力的强弱还取决于该校与所在地区的关联度。凡是学校所设专业和培养的人才能很好地与地方经济社会需求相适应，该校的社会服务能力就强一些，对当地经济发展的推动力就大些，科研成果转化快些，科研成果转化率就高些，产生的效益就明显些。反之，如果高职院校与当地社会关联度呈负相关，学校所培养的人才要么结构失衡、就业困难，要么不能满足社会需要，其科研成果也难以转化为现实生产力，不能在经济建设中发挥积极作用，对地方社会发展的推动力就小。

（二）人力资源是主要内部影响因素

人力资源主要包括教学队伍、科研队伍、管理队伍等。通过采用标准化偏回归系数分析服务能力的主要影响因素，发现在 12 个主要的影响因素中，有 7 个是人力资源的维度，说明人力资源是高职院校社会服务能力的主要影响因素。高职院校的社会服务能力取决于教师队伍的数量、素质和人员结构。提供社会服务人力资源不足是影响地方高职院校社会服务能力的主要矛盾。笔者通过调研发现地方高职院校教师开展或从事社会服务的人员不到10%，其中为企事业单位提供培训服务的教师略高，占到学校教师总数的5.9%，而提供技术开发和技术咨询的教师占比在2%上下。

（三）设施设备等硬件投入及服务时间的保证是发挥社会服务能力的条件因素，对服务能力的提升有一定影响

设施设备包括教学设备和科研设备等。教学设备是指学校用于教育教学和学生实践训练用的实训教学仪器设备。笔者走访多所地方高职院校，了解设施设备用于社会服务的情况，其中主要涉及机加工设备、汽车检测与维修设备、电子电工设备、化工分析设备、医疗护理设备、计算机设备等，发现地方高职院校设施设备用于社会服务的情况并不理想。大多设备由于性能落后、精度不高、功能单一，除了用于教学实训中的简单操作与模拟仿真，很难发挥其服务社会功能并用之于实验分析、产品开发、质量检验及实际生产与加工。

要想提升高职院校的社会服务能力，必须要保证能提供社会服务的老师有足够的服务时间来担任此项工作。部分高职院校教师认为自己的教育教学及教改项目任务与以往相比工作量大幅增加，没有多余的时间进行科研和社会服务工作，投入科研与社会服务的时间不到工作时间的3%，教师参与社会服务的积极性并不高。部分高职院校并没有将科研与社会服务工作纳入教师正常工作量的计算体系，没有足够的激励机制去鼓励和支持教师参与社会服务工作，教师自然不愿投入太多时间从事此项工作。

（四）科研实力的强弱影响科研成果转化率和技术服务水平

科学研究在高职院校社会服务的过程中发挥越来越重要的作用。而高职院校对于科研方面的投入远远低于本科院校。高职院校的整体科研实力也远远低于本科院校，部分职业院校几乎没有国家级课题，核心论文数量和专利数量也偏少。科研成果只有通过企业才能真正对经济发展产生贡献，而高职院校针对地方经济和生产领域中的重大技术、工艺等方面的问题进行开发性研究、应用性研究的能力不高，科研成果可转化能力偏低，对地方社会经济发展产生的推动力较小。

第四章　高职院校社会服务能力提升路径探索

第一节　调整优化专业结构，
增强高职院校社会服务能力适应力

本研究以湖南省为例，根据湖南省产业发展的新要求和新趋势，理顺政府、高职院校、产业的关系，形成高职教育专业与区域产业无缝对接、协调发展的常态，使湖南省高职院校在人才培养、课程建设、教学方法等方面紧密结合区域社会发展的新要求，提升技术技能人才的适切性，激发湖南省产业发展的活力和潜力。

一、制度创新助推湖南省高职院校专业设置及建设高质量发展

（一）突出与产业同步规划

近年来湖南省着力打造国家重要先进制造业、具有核心竞争力的科技创新、内陆地区改革开放的高地，在推动高质量发展上闯出新路子，在构建新发展格局中展现新作为，在推动中部地区崛起和长江经济带发展中彰显新担当，奋力谱写新时代坚持和发展中国特色社会主义的湖南新篇章。着力发展"一核两副三带四区"。"一核"是大力推进长株潭区域一体化，打造中部地区崛起核心增长极，带动"3+5"城市群发展；"两副"是建设岳阳、衡阳两个省域副中心城市；"三带"是建设沿京广、沪昆、渝长厦通道的三大经济发展带；"四区"是推动长株潭、洞庭湖、湘南、湘西四大区域板块协调联动发展。湖南省职业教育政策制度强调以优势产业特别是战略性新兴产业为引

领，形成与产业融合发展、协调共进的职业教育发展格局。一方面，在制定产业发展规划时，明确职业教育的发展目标和重点任务，如《湖南省贯彻〈中国制造2025〉建设制造强省五年行动计划（2016—2020年）》，特别强调强化产业人才支撑，大力发展职业技术教育，打造大批"工匠湘军"；《湖南工业新兴优势产业链行动计划》，特别强调加强智能制造、新一代信息技术等高素质技术技能人才培养。另一方面，在制定职业教育发展规划时，深刻分析产业发展对职业教育的需求，从供需对接的角度明确职业教育发展的目标任务，如《湖南省现代职业教育体系建设规划（2014—2020年）》，明确提出要构建开放融合、满足需求的人才培养体系，形成对接产业、服务地方的学校布局和专业布局。

（二）科学合理布局职业院校

从"十一五"开始，湖南省始终坚持坚持每个地市州重点办好一所高职院校和若干所中职学校，每个行业重点办好一所高职院校，每个县市重点办好一所示范性公办中职学校。"十二五"初期已经初步形成了全省区域职业教育协调发展的态势。湖南四大区域板块战略布局明确之后，湖南省教育厅提出对接四大区域板块布局全省职业院校，根据区域板块需求推动新建职业院校，要求所有新建职业院校必须与所在区域板块主体功能、主体产业相适应，并强力推进职业院校对接所在区域板块需求动态调整专业，形成服务地方和对接产业空间的职业院校布局。一方面，对接湖南"一核三极四带"，布局重点职业院校，在长株潭核心增长极布局国家示范职业院校18所、省级卓越职业院校22所、省级示范职业院校62所；岳阳、郴州、怀化增长极，京广、环洞庭湖、沪昆、张吉怀经济带均布局数量适当的重点职业院校。另一方面，对接产业园区，打造职教基地。湖南省人民政府支持长沙、株洲、常德等6个城市在产业园区集中建设职业教育基地，引导各县市把职业学校办在开发区里，全省现有150余所职业院校建在省级以上园区，在校生占全省职业院校在校生总规模的50%。

（三）适应产业集群式发展需要，创新专业群建设机制

随着经济发展方式转变和产业转型升级加速，产业发展不断向优势产业链集聚。为使职业教育专业建设适应产业发展需要，2014年，湖南省率先提

出特色专业群建设理念，将其作为"十三五"期间职业教育 4 个重点计划之一，引导职业院校不断完善专业动态调整机制，深度对接区域优势产业、特色产业和战略性新兴产业建设特色专业群，先后实施示范性特色专业群、一流特色专业群、高水平专业群建设计划，推动职业院校"把专业群建在产业链上"，校企共建了一批深度对接轨道交通、工程机械、汽车、航空等新兴优势产业的特色专业群，以及湘绣、湘瓷、湘菜、湘茶等"湘字号"专业群。近 3 年，湖南省职业院校新增专业点 601 个，撤销专业点 223 个，面向一、二、三次产业专业数占比 7.3：33：59.7，与湖南三次产业结构比基本适应，其中，高职院校对接工业优势产业链的专业点 718 个，占专业点总数的 40.1%。而与此相对应的，2021 年，全省职业院校聚焦服务"三高四新"战略和"中国制造 2025"，进一步调整专业群，优化专业结构。2022 年新增服务"三高四新"战略专业群 8 个，专业群总数达到 323 个，服务"三高四新"战略的专业点达 1214 个，服务"中国制造 2025"的专业点达 714 个。专业点设置超过 100 个的专业大类是制造大类、财经大类、电子信息大类、土建大类、交通运输大类等，符合了当前湖南省产业的发展要求，总体上与湖南省九大千亿产业和七大战略性产业的发展同步，基本形成了与区域经济发展匹配密切的教育结构体系。

二、提升高职教育专业结构、规模、质量与产业协同度

（一）提升高职教育专业结构与产业的结构协同度

高职院校只有满足产业需求和适应经济社会发展，才能从根本上提升高职院校的社会服务能力。高职院校的专业设置和教学内容应从满足当地产业需求和适应经济发展的角度出发，开设地方新兴产业、支柱产业所需要的专业，及时淘汰更新与社会需求相脱节的就业困难专业。提高专业集聚度，形成与区域行业的传统优势产业、支柱产业、新兴产业等紧密对接的特色专业体系，形成"一校一品"特色优质发展的格局。

一是提升高职教育专业结构与区域第一产业、第二产业、第三产业结构的总体协同度，即引导高职院校的专业设置覆盖并匹配区域的第一、第二、第三产业。二是提升高职教育专业与区域战略性新兴产业发展的对接度。依

据湖南"一核两副三带四区"新经济格局，对接湖南"三高四新"战略需求，优化调整专业结构。优先布局服务新一代半导体、人工智能、5G 技术、合成生物等战略性新兴产业发展和未来产业布局的专业。重点发展支撑我省工程机械、轨道交通、航空动力、电子信息、智能和新能源汽车、有色金属、新材料、智能制造、生物医药等领域创新发展的相关专业。大力发展现代服务业急需的金融、信息、商务服务等相关专业以及旅游、护理、老年服务、药学、针灸等生活性服务业相对接的专业。支持农林、养殖、畜牧、兽医等艰苦行业所需专业。三是提升重点专业与湖南省主导优势产业的协同度，即引导优势教育资源向主导优势产业（集群）所对应的专业（群）倾斜，促进湖南省高职示范性（特色）专业（群）与湖南省主导优势产业（集群）的匹配。同时，加强高职院校的校内专业结构与相关产业发展的适切性，引导各高职院校对学校的优势资源进行盘点，进一步把握企业需求，遵循"对接地方产业办专业"的原则，以产业岗位群建设专业群，以产业新趋势调整专业设置，推动高职院校根据区域产业发展进行专业布局和优化，提高高职院校人才培养的适应性，优化提升石油化工、建筑材料、纺织轻工等传统支柱产业相关的学科专业，巩固加强基础学科专业建设，充分发挥基础学科专业在加强素质教育中的重要作用。严格控制英语、计算机技术等布点较多的学科专业，压缩会计、国际贸易、人力资源、市场营销等社会需求趋于饱和的专业点。四是主动对接地方主导产业，建立灵活的专业动态调整机制。对于办学条件严重不足、教学管理混乱、教学质量低下，人才培养明显不适应社会需求，就业率连续2 年低于 60%、对口就业率连续 2 年低于 50% 的专业予以调减招生计划或撤销专业点。通过专业结构的优化、课程内容的更新、设施设备的升级换代，引导并促进教师关注产业发展、紧跟专业前沿、充分发挥好教学仪器与设施设备的社会服务功能，增强社会服务能力。

（二）提升高职教育专业规模与产业的规模协同度

首先，从整体上推动三大产业的高职专业点数占比与第一产业、第二产业、第三产业分别在区域生产总值占比的协同发展，偏差越小，协同度越大。其次，提升各专业学生规模与新兴产业需求规模的协同，即高职院校各专业（群）招生人数要与新兴产业发展的岗位员工需求量相匹配。最后，加强高职院校的校内专业规模与全省总体水平的协调。

（三）提升高职教育专业人才培养质量与产业质量协同度

质量协同，包括培养过程的质量协同以及培养结果的质量协同。培养过程的质量协同，即包括提高高职院校专业教学标准及课程教学标准与新兴产业发展需求的匹配度，建立对应产业岗位（群）需求的湖南省高职专业（群）教学标准；并建立与真实工作过程匹配的湖南省高职专业（群）核心课程教学标准。培养结果的质量协同，即专业人才培养质量协同，包括本土就业率、对口就业率、毕业生满意度、人才国际化水平等。一是提高专业人才本土就业率，即提高湖南省高职院校毕业生在本土就业的比例，加大高职院校在技术技能人才培养上对区域经济发展的贡献度。二是提高专业人才对口就业率，提升专业教育资源投入结构的合理性以及对相应产业的贡献度。三是提升毕业生就业满意度，提高企业、行业、政府等用人单位和主管部门对高职院校毕业生知识、能力、素质等的满意度。四是提高专业人才国际化水平，即满足湖南"三高四新"的发展战略要求，优化国际化教学标准，打造国际化水平的"芙蓉工匠"，助推"湘企""湘品"出海、出境。最后，紧跟区域产业发展趋势，动态调整院校专业及专业方向设置。根据湖南省战略性新兴产业的发展趋势，促进高职院校专业转型升级。

三、完善不同层级专业群建设

遵循高素质技术技能人才培养规律，完善不同层级专业群建设，畅通学生成长成才通道，促进中等职业教育、专科层次职业教育、本科层次职业教育纵向贯通、有机衔接，促进普职融通。

（一）夯实中等职业教育基础地位

坚持高中段普职协调发展，把中等职业教育作为高中段教育的重要组成部分和现代职业教育体系的基础环节抓实抓好。中职教育规模与当地产业发展需要、高中段资源配置、人民群众的选择相适应。强化中职学校在区域和行业发展中的重要支撑作用，合理规划布局，支持边远地区做强职业教育，服务区域转型升级和乡村振兴。持续改善中职学校办学条件，2025 年前实现全面达标，建设好"楚怡"高水平中职学校和高水平专业群。

（二）巩固专科层次职业教育主体地位

推进专科层次高等职业教育高质量发展，全面统筹实施中国特色高水平高职院校和专业建设计划，推进"楚怡"高水平高职学校建设和"楚怡"高水平专业群建设。支持优质高职院校扩大办学规模和增强辐射能力，合理布局建设高水平专业群。加强高职学历教育与职业技能和专业证书的衔接，提高获取职业技能高等级证书比例。

（三）大力发展本科层次职业教育

深化并扩大本科层次职业教育试点，支持符合条件的高职院校试办职业教育本科专业或升格为本科层次职业学校。稳步推进四年制职业教育本科专业试点，从省内"双高计划"建设高职院校中选择 30 个建设基础扎实、类型特色鲜明、行业产业急需的专业作为本科层次职业教育专业试点，授予高职院校独立的本科层次职业教育专业点，开展职业教育本科专业试点实践，发挥中国特色高水平高职学校的示范引领作用。

（四）推动各层级职业教育贯通衔接、普职融通

有序推进中职与高职、高职与职业教育本科贯通式培养，逐步扩大长学制培养学生的比例，在人才培养方案、课程体系、考核评估等方面加强衔接。在部分中职学校高水平专业开展五年制人才培养试点。适度增加专升本计划，稳步扩大专业学位研究生培养规模。

第二节 提高人才培养质量，
提升高职院校高素质人才输送力

高职院校最主要的职能是为社会发展培养高素质、高能力的人才队伍，因此高职院校在履行职能的时候，不能忽视院校的主要职能。全面提升人才培养质量是职业院校内涵建设与发展的重要基础，适应岗位要求和学生成长需要，强化专业技能教育，提升技术技能人才培养的产业适应性，从而为社

会输送更多高素质人才。

一、完善标准体系

强化标准在职业教育专业群建设质量提升中的基础性作用，完善高水平专业群建设标准体系。高职院校面向产业发展，加强校企合作，联合开发课程标准、专业教学标准、岗位实习标准、实训基地建设标准等。支持地方探索相关标准，条件成熟时推动上升为省级或国家标准。

二、加强课程建设

形成对接紧密、特色鲜明、动态调整的职业教育课程体系。按照国家要求开齐、开足公共基础课，用好国家统编教材，同时开设特色选修课程，提升学生人文和科学素养。规划、推进教材建设，完善教材选用制度，促进教材研究、编写及完善。鼓励职业院校紧跟产业发展，融入新技术、新工艺、新规范，针对具体岗位职责和操作流程，引用企业真实案例，校企共同开发新形态一体化、工作手册式、活页式教材。

三、提高教学效益

以学习者为中心，打造优质课堂。推进教法改革，以学习者为中心，普及项目教学、案例教学、情境教学、模块化教学等教学方式，广泛运用启发式、探究式、讨论式、体验式等教学方法，推广翻转课堂、混合式教学、理实一体教学等新型教学模式，全面提升教师信息技术应用能力。建立健全教授上课和传帮带制度，带动青年教师推动课堂革命，探索专业导师制和小班化探究式教学，提高课堂教学效益。

四、优化评价机制

贯彻落实国家关于深化新时代教育评价改革总体要求，发挥考核评价的引导、激励与调节功能，对接教学标准和课程标准，完善考核评价机制，保证职业教育高质量发展。对接高素质技术技能人才培养要求，建立健全学生考核评价体系,强化学历证书和职业资格证书、行业企业相关证书的配套衔接。

专业群建设坚持过程管理与结果评价相结合，对运行机制完善、建设成效显著的专业点给予一定奖励，对建设措施不力、成效较差的，减小支持力度或终止支持。

第三节 深化产教融合，提升高职院校技术服务能力

以服务发展为宗旨，以促进就业为导向，遵循职业教育规律和技术技能人才成长规律，主动适应经济社会发展、产业发展需求，特别是技术进步和生产方式变革以及社会公共服务的需要，深化校企合作，充分发挥教育资源以及科研资源优势，为社会长远发展作出贡献。围绕区域产业转型升级，布局与区域产业经济发展相适应的特色专业群，将高水平专业群建设融入产业、行业链，服务区域产业经济，助推产业转型升级。培育产教融合型企业、校企共建产业学院等产教融合平台；建设集人才培养、科学研究、社会服务于一体的企业工作室、实验室、技术研发基地等产教融合综合体，实现产教融合双向交流互动。

一、建设产教融合技术创新平台

（一）构建服务平台

为做好社会服务工作，单靠高职院校的力量，很难确保社会服务工作的质量，因此高职院校应结合社会发展需求，与政府、企业合作，建立校政项目平台、校企项目平台等，进而实现长效机制的建立。比如高职院校可与政府、企业之间构建发展平台，做好有关的咨询工作及指导服务工作，为企业长远发展提供咨询服务，为政府做决策提供建议等。高职院校应维护好与政府、企业之间的关系，加强与政府部门之间的沟通，为校企项目平台提供支撑。同时高职院校在对企业资源进行选择时，应当结合当地经济发展需求和文化建设需求，比如高职院校在开展农业校企合作时，要积极发挥院校自身的农

业专业优势，对社会资源进行整合，从而推动行业的长远发展，达到互利共赢的目的。

（二）建设技术创新平台

持续深化产学研用融合，聚焦行业产业共性技术、区域经济社会发展关键问题，与行业、企业、科研院所等共建技术创新平台，提升学校科研能力。立足优势专业群定位和服务领域，强化技术技能积累和创新，通过技术开发、技术转让、技术咨询、技术服务等方式加强与企业的合作，推动创新成果应用，服务区域产业发展。

（三）建设产教融合平台

建设产教融合、开放共享、资源集聚的专业群实践教学基地和教学服务平台等载体。集成专业群实践教学资源，建设融实践教学、技术服务、创新创业于一体的产教融合平台，建设实训中心、技能鉴定中心、技术研发中心、公共技术服务中心等平台。推动职业院校与产业园区、开发区、龙头企业合作，成立产业学院，增强办学活力和人才培养适用性。建设省级、国家级示范性产教融合集团、产教融合实训基地，建设区域技术技能高地。依托行业企业建立专业群建设指导委员会，对专业群发展规划、专业设置、专业结构调整、专业建设进行咨询和论证，充分实现专业动态调整与发展，确保专业设置与产业发展需求、专业建设与产业结构调整、教学内容与职业需求变化相匹配。深化产教对接，推进产教融合贯穿于教育教学全过程，实现校企专业共建、教材共编、标准共融、教学共育、基地共享、师资共培，推动校企协同育人。

二、不断进行科学技术积累与创新

（一）推动重点技术联合攻关

科技是第一生产力。聚焦行业产业前沿技术，加强企业合作，拓展横向科研项目渠道，依托科研创新平台、地方服务团队、产业学院、产学研合作平台等，积极承接各类服务地方横向科研项目，推动重点技术联合攻关。在大力推动和加强科技成果转化的同时，必须要坚持基础性和前瞻性的科学技术研究和探索，进行大量基础科技成果和技术的储备。

（二）提升科研团队服务能力

着力推进领军人才、学术骨干、青年后备三个层次的科研人才队伍建设，为分级分类开展高水平科研创新团队建设提供人才支撑。在乡村振兴、社会培训、战略咨询、规划设计、投资分析、市场预测等方面重点培育建设若干服务地方经济社会发展的科研团队，与服务对象建立长期稳定合作关系，使服务团队成为服务对象的重要战略合作伙伴，并形成一批服务地方典型案例。

（三）深化学术交流合作

主动对接邻近本科院校科研管理部门，借助本科院校的高水平科研力量，推进跨学科、跨领域、跨机构交流合作，以更广阔视野推动学校科研工作开展。加强与省内外高等院校、研究机构、企事业单位的学术交流合作。积极举办高层次、跨学科、反映学科前沿动态和理论热点的全国性、国际性高端学术研讨会。鼓励和支持教师积极参加国内外重要学术会议，到重要学术机构任职，提升学术影响力，增强学术发展话语权。

三、完善提升社会服务能力相关机制

（一）完善相应激励保障机制

一方面高职院校应出台相应的激励机制鼓励和引导教师积极开展社会服务，促使教师不断提升自身服务社会的业务能力和业务素质，并能自觉自愿地积极开展和从事社会服务工作；另一方面政府应出台相应的政策促进校企合作、集团化办学，并保证高职院校在创新团队建设、科技计划与产学研合作项目申报及技术开发与服务等方面享有与本科高校同等的机会。

（二）完善成果转化运行机制

构建和完善成果转化运行机制，推进科技成果转化与创新创业有效衔接。加强新产品开发和技术成果的推广转化，服务中小企业的技术研发和产品升级，促进中华优秀传统文化、民族传统工艺、民间技艺传承创新。增强与地方政府、产业园区深度合作，依托产教融合平台，提升服务产业发展能力。

（三）强化社会服务意识

为做好社会服务工作，高职院校在建立长效机制时，要结合学校的实际情况，提高院校的社会服务意识，只有树立良好的社会服务意识，才能更好地融入社会经济发展过程，只有对地区经济发展和社会文化建设发挥积极作用，才能获得社会对院校的认可。

第四节　加强师资队伍建设，
突破高职院校社会服务能力发展阻碍

一、提高教师提供社会服务能力的积极性

现阶段高职院校社会服务能力的限制性因素是师资队伍建设。如何提高教师提供社会服务的水平，发挥教师提供社会服务的积极性是提升高职院校社会服务能力的关键性因素。鼓励高职院校专业课老师积极参与社会服务；鼓励一部分有能力的教师将工作重心放到科研能力和创新能力的提升上来，不局限于教学改革，注重全面发展。高职院校在面对一些科研项目时可以凭借自身做好技术研究和服务工作，重视教师、学生等学校工作主体在发展规划中的作用发挥，鼓励教师参与社会服务项目，将社会服务项目作为教师职称考评和绩效考核的标准，并做好跟踪管理工作，确保高职院校的发展规划符合当地经济发展的规律，确保高职院校的研究成果能够转化为实际成果，以提高院校的社会服务能力。完善高职院校教师定期到企业参与生产实践制度，鼓励教师在企业实习期间参与企业培训、技术研发等活动。进一步加强校内专任教师、企业兼职教师和社会名师三类师资整合力度，丰富师资力量。完善高职院校绩效工资制度和职务（职称）评聘办法，鼓励教师承担社会服务任务，认可其相关工作量。

二、提升教师社会服务能力

通过为教师提供外出培训、学习的机会提升教师的专业素质水平和社会服务能力水平。第一，克服年龄问题。年龄较大的教师往往传统教学理念较为牢固，且不能及时了解新技术、新理念，甚至不会应用新设备，只关注理

论教学。针对年龄较大的教师进行系统培训，鼓励年龄较大的教师学习、掌握新型技术，改变传统教学观念和只懂理论教学不会用新型技术设备的现状，使他们跟上时代发展的步伐，能够随着社会和企业对人才的需要调整教学模式，进而提升其社会服务能力；针对年轻教师，高职院校需要加强岗位培训，充分利用年轻教师学习能力强、适应能力强的特点，强化其企业岗位锻炼以及岗位培训，充分发挥自身学习、吸收新知识的优势，全面强化自身科研能力。第二，高职院校可以通过提高待遇等福利政策，吸引一批教学观念先进、科研能力强、教学经验相对丰富的中青年教师加入应用型人才的培养队伍中来，带动整个教师团队社会服务能力的提升。

三、建设教师服务团队

高职教师属于社会服务开展的主体，加快建设教师服务团队，缓解教师队伍对自身能力的恐慌，有利于增强教师服务团队工作的实效性。纵观二十世纪的诺贝尔奖，可以发现，半数研究成果都源于跨领域研究，比如，登月计划、基因工程与纳米科学等，皆属于跨学科研究。因此，我国高职院校需要对协同创新机制与体制进行大胆探索与尝试，对内外体制壁垒进行突破，使现代大学制度得以构建，针对产学研协同创新建立沟通协调机制，体现教师在团队中的作用，彰显教师的重要地位。在充分给予教师肯定的同时，高职院校可以利用这些机制与机构，考察教师社会服务能力与团队作用中的服务成分，如评价教师借助网络手段开展社会服务的能力、创新科技与推广成果的能力、团队合作参与能力、在协同创新中心中的参与主动性、个人工作室设立情况等，这些评价因素的综合考量，有利于高职院校科学评价教师在服务团队中的社会服务作用与质量，实现评价体系的有效构建。

第五节 注重知识产权复合型人才培养，
提升学生创新创业就业能力

2019 年，我国人大代表在两会期间就高校知识产权人才培养的现状以及企业知识产权人才培养的需求进行了研究，提出关于知识产权复合型人才培养的建议，在议案中重点指出在大众创业、万众创新的时期，需要有真正学识和能力，才能成为复合型人才，因此，对高职院校培养知识产权教育的复合型人才探索模式进行持续研究十分必要。知识产权包含意识文化和制度文化，同时也涵盖环境文化，各项文化的核心均为创新，创新不仅是知识产权运行基础，同时也是知识产权制度发展的动力。但是，在实际的教学中能发现，高校知识产权的教育现状并不理想，出现这种情况的主要原因是师资水平、生源素质差异明显，沿袭传统教育观念不能增强知识产权教育创新性。

一、合理设置高职院校课程体系

对于因为课程课时设置过少导致的学生知识技能过于单一化现象，要在课程设置上充分提高对于知识产权学科的重视。目前我国高职类院校进行知识产权教学中很大一个问题就是学生自身的知识水平较差、学习背景较为缺乏，所以相关管理人员要通过教务系统的课程改革将知识产权学科课时的比例加大才能够从根本上解决这一问题。从高职院校学生的整个学习周期来看，学生在大一期间要根据已有的专业课程安排，在空余时段适当增加知识产权理论背景方面的课程学习，让学生对产权相关知识有一定了解，并在此基础之上培养学生的学习积极性，从而有利于大二、大三期间知识产权相关课程教学的开展。

二、适当增加高职院校经费投入

高职院校的经费审批由中华人民共和国教育部下发，高职院校想要开展知识产权教育学科需要逐级上报审批，但当下存在的最亟待解决的问题是高职院校的课程开展经费不足，这与校内对于知识产权学科的不重视情况有很大关系。解决该问题一方面应确保在高职院校校内层面合理加大对知识产权教育的经费投入，用于完善相对落后的教育教学基础设施，比如引进高新技术下的智能设备等。另外还要与企业合作，提高学生的实践能力。另一方面引进知识产权教育的专门师资力量，引进具有理工科背景而又兼具知识产权背景的教师，从硬件和软件方面双重提高知识产权教育的教学质量。

三、充分选拔高职院校师资团队

在高职院校的教师团队中，要能够根据校内所需的教师数量、质量去做好师资团队的选拔，知识产权这门对学校品牌效应有着积极影响的学科，在师资团队选拔上更要做好慎重的选择。针对目前我国知识产权教育师资知识结构不合理的状况，可以适当引进具有理工科背景的授课老师，并在教学过程中适当总结；对文科背景的授课教师进行相关的背景知识培训，并根据学生的专业进行针对性的授课教学。在校内要加强对知识产权程序性内容的教学，增强教学的针对性，从而实现良好的教学效果。

高职院校中知识产权教育开展有其根本上的问题，分析可知是课程设置不合理、校园资源不充沛、教师知识较狭窄等原因导致，实施如合理设置高职院校课程体系、适当增加高职院校经费投入、充分选拔高职院校师资团队等解决措施将合理落实知识产权教育，因此在高职院校内需要学生、教师、学校三方共同参与实现这一目标。

第六节　建立多元化社会服务评价制度，科学评估社会服务能力

一、建立"五位一体"多元化社会服务评价制度，科学合理评估社会服务能力

内部控制评价和外部考核性评价相结合。一方面高职院校要进行自身内

部控制评价、不断自我反省、自我改进，另外一方面教育行政部门或者教育行政部门委托第三方进行外部考核性评价。从促进工作的角度出发，内部控制性评价相较外部考核性评价而言更为重要。定性评价和定量评价相结合。高职院校的社会服务能力评价不应仅是定量评价，而应以各项评价指标数据为基础，对高职院校的整体社会服务能力作出定性评价为主的考核评估，对高职院校的专业或者专业群作出定量评价为主的考核评估。对高职教育社会服务能力系统的利益相关者——院校、教师、企业、学生、社会进行考核评估。不仅要有教育行政管理部门的考核评价和学校自己的自主评价，还要有企业和用人单位的第三方评价，推进评价主体多元化。

二、创新评价方法，多样化评估社会服务能力

根据高职院校的专业特色分类建立多样化的评价指标标准，确定合理的观测点、等级标准、计算权重，建立科学、合理、完善的社会服务能力评价指标体系。将高职院校根据专业特色进行分类，在评价中应尽量关注社会满意度、社会服务质量，在评价指标权重上，加大职教特色专业的比重；评价内容上，关注高职学生操作能力与市场结合的能力的培养，加大学生知识、技能的评价力度，建立系统的反馈机制，及时反馈有效信息，不断提高自身竞争力。同时应不断创新高职评价方法，将大数据、"互联网＋"运用到高职院校的评价方法中，提高评价方法的科学性，建立反馈机制，促进高职院校不断提升自身竞争力。转变过去陈旧的评价理念，评价标准应符合社会发展的多元化要求，与时俱进，而不是一成不变，以促使我国高职院校评价制度更科学、更规范、更合理。

三、完善监督体制，保证社会服务能力评价质量

建立社会评价制度第三方监督机构，约束评价主体的行为，对评价主体进行质量评价考核可以保障评价主体的质量，确保评价结果公正准确，获得良好的评价效益。共同建立高职信息公示网络平台，能动态反映高职院校发展规律，减少高职教育信息不对称的现象发生，有效改善互联网媒体排行混乱的现状，改善公众对高职教育的认知，激励社会人士关注高职教育，从根

本上做到教育的透明化，实现教育公平。构建高校信息公开的动态机制和绩效考核平台，公布科学的高职排行榜，充分发挥排行榜的激励作用，使职业教育更加贴合社会群众的日常生活，高职院校可以根据排行信息发现自身的局限性，并及时作出调整，增强自身内涵建设，提高自身竞争力，强化自身的社会服务职能，实现社会共生使高职教育长远发展，不断提升中国高职教育在世界范围的竞争力和影响力。

第五章 高职院校社会服务能力提升的实践经验
——以湖南汽车工程职业学院为例

湖南汽车工程职业学院是由湖南省人民政府批准设立，株洲市人民政府和中国汽车工程学会共建的一所公办高职院校，是中国特色 A 档高水平专业群建设单位、国家优质专科高等职业院校。

近年来，湖南汽车工程职业学院以服务国家重大战略与区域经济发展为目标，主动对接并服务于湖南经济社会及产业发展，人才培养与社会贡献力得到了质的提升。该学院 9 个汽车专业在"金平果"2022 专业竞争力排行榜上，4 个排第一、3 个排第二、2 个排第三。人才培养质量持续提升，麦可思报告显示毕业生满意度 98%、对口就业率 86%、用人单位满意度 98.5%，近三年毕业生就业率均排全省第一。近五年，累计为汽车产业输送毕业生超过 1.2 万人，超六成学生在湖南就业。承担企业员工培训超过 25 万人次、科普服务 12 万人次，立项省级以上课题 165 项，承接横向技术服务 211 项，完成技术成果转化 52 项，年均到账经费超 1 300 万元，2 次被评为全国高职院校"服务贡献 50 强"，开创了高职院校提升社会服务能力的新范例。

第一节 开展职业教育信息化建设，
促进职业教育高质量发展

随着人工智能的发展，湖南汽车工程职业学院积极开展职业教育信息化建设，在基础设施建设、信息资源开发、人员技术培训和管理系统应用等方面取得重要进展，对于有效扩大、优化配置和开放共享职业教育资源，大幅提升职业教育服务经济社会的能力，发挥了重要作用。湖南汽车工程职业学院自 2019 年 1 月启用智能校园系统以来，坚持智慧管理，以信息化引领教育现代化，建设了以"三可视一精准"为核心的大数据平台。以职业教育智慧教育平台建设为契机，系统推进新型校园环境、校级智慧平台、全域应用场景建设，同步推进教学流程重构、应用模式创新、评价方法改革，塑造数字化转型新生态，实现教、学、管、评全方位变革，促进人才培养质量提升，赋能学院高质量发展，服务产业发展。

一、建设以"三可视一精准"为核心的大数据平台

湖南汽车工程职业学院坚持智慧管理，以信息化引领教育现代化，建设了以"三可视一精准"（学生成长可视化、教师发展可视化、办学水平可视化、管理服务精准化）为核心的大数据平台。运用大数据技术，采集教学过程中全员、全方位、全过程数据，进行数据挖掘，经过清洗、分类、合并、拆分、去伪、重构等深度治理，进行各种维度的数据分析和成果的自动化呈现，为教师个人画像，促进教师个人发展；为学生个人画像，促进学生成长；为办学状态画像，为学校决策提供科学数据支撑。

（一）系统"伴随式"采集过程数据

采用人脸识别、语音识别、痕迹记载等人工智能技术采集教学过程数据；采用传感、物联终端等采集学生行为数据；按照一数一源原则，用数据交换采集管理业务数据。

1. 教师教学数据采集。物联设备将多媒体硬件与"智课堂"学习平台互联互通，构建覆盖线上学习、课堂教学、课后跟踪的 AI 课堂。从资源数、教师响应率、知识掌握率、课堂互动率等 34 个点实时采集教学数据，智能分析指标权重，实时评价教师教学效果。通过教学数据的实时采集实现了智慧"教"。课前，教师可以随意应用常见格式数字资源，实现一键备课；课中，教师可任选电脑、手机或者平板进行授课，创设抢答、投票、问答、投屏等互动环节，通过平台伴随式采集的教学过程数据，轻松掌握学生实时学习情况，同时所有教学行为均由平台按课堂组织时间节点如实记录；课后，教师可即时接收平台自动推送的包含到课率情况、课件理解情况、知识点掌握情况等的课堂分析报告，查看"课堂回顾"，反思教学过程和效果，实现实时"诊改"。湖南汽车工程职业学院的"智课堂"平台中学生学习数据统计和分析让老师一目了然，人工智能驱动的学习分析成为提高教学质量的有力工具。

2. 学生学习数据采集。智能化平台实现学生学习全过程信息采集，覆盖课前自主学习、课中实时反馈、课后拓展升级三个阶段。实时采集课后测验、课后作业、资源学习、互动题等 24 个线上学习数据，采集抢答、课堂练习、课堂笔记、举手次数等 18 个课堂互动学习数据，智能分析学生学习成效。通过学习数据实时采集实现了智慧"学"。课前，学生可以提前预习、提出问题、相互研讨，留下学习痕迹；课中，学生可以随时通过弹幕、"举手"等提出问题，通过"知识点标记"反馈学习难点，通过"投屏"分享课中学习心得、练习成果，通过平台伴随式采集的课堂学习数据，实时掌握个人学习情况；课后，学生可通过全景式课堂回放"温故知新"，实时掌握学习进度，在线完成作业。

3. 督导评价数据采集。督导在平台上实时观看或调用课堂实录进行听课，在线查阅教学资料，比对教学进度，填写听课记录，按指标逐项评分，动态输出课堂评价结果。教、学、督三维立体的伴随式采集机制，实现了全过程、全领域的数据覆盖。通过督导数据采集实现了智慧"督"。督教学健康度，构建教学健康度指标库，设计 36 个评价指标，对平台采集到的各类数据实时计算、分析，并生成图表形式的校、院两级教学健康度结果；督课程完成度，对平台课程数、资源数、任务数、学生学习情况、知识掌握情况等数据实时计算、分析，进行校、院、专业、课程四级横向比较，掌握课程教学整体情况；

督课堂活跃度,对学生线上自主学习人数、课堂互动学习人数等数据实时计算、分析,形成学习活跃趋势图,掌握院系学生参与学习整体情况。同时,督导可以通过课堂直播实现远程督课,通过回顾点播实现全天候督课,通过在线评价实现互动督课。

（二）分类构建数据模型

根据教学管理服务等要求构建模型,实时分析。把数据治理结果用于内部质量保证体系,实时监测内部质量体系运行情况,提供可视化处理结果,实现数字变数据、数据变资产、资产变效益。

1. 教师发展分析模型。围绕师德师风、教育教学、教科研究、社会服务和社会认可五个维度,按照"5维5层11级"建立教师发展评价指标体系。构建教师发展评价模型,挖掘分析教学过程数据,用数据个性画像,对比教师层级标准和个人成长目标,推动教师自我诊改、成长进步。

2. 学生成长分析模型。围绕思想品德、学业成绩、技术技能、综合素质四方面,按专业类别建立学生成长监测模型,对采集的学习过程数据、活动数据、行为数据、消费数据等进行聚类深度分析。通过呈现学生成长全过程,对标学习目标和学习计划,展开学习成果检验,为学生成长精准搭建"脚手架"。

3. 办学水平分析模型。通过办学基础设施、专业建设、师资建设、财务资产、产教融合、人才培养和毕业生就业质量等学校办学综合数据和人才培养状态数据,为学校进行办学条件、办学能力、办学效果、竞争力和科学治理水平等多维度画像。

4. 管理服务分析模型。以一站式网上办事大厅为标志,构建服务全校师生的服务模型。将各业务部门流程与学校中心服务器联通,打破部门之间壁垒,减少数据重复申报情况,实现办公无纸化,业务审批在线化,管理可视化。

（三）靶向推送可视数据

建立了包含柱形图、饼形图、折线图、雷达图等20多种类别的图形库,结果直观、形象。可视化数据靶向推送给每一个数据使用者,数据及时反馈、精准推送,智能跟进师生行为,精准处置异常数据,实现个性化管理。

二、人工智能推动教学资源共享

（一）依托信息技术开发线上精品课程

伴随着第四次工业革命的到来，信息化教学将成为高职院校的教学常态，而线上资源建设将是信息化教学的重中之重，其建设模式对最终质量有重要影响。传统的一个教师包干一门课程的做法较为粗放，根据现代社会精细分工思路，对课程进行细分，采用"去繁为简、化整为零"模式，结合市场机制，充分调动教师的工作积极性，开发出真正具有市场价值的精品课程。

疫情期间，湖南汽车工程职业学院开展"师生全员参与、课程全部覆盖、质量全面掌控"的在线教学活动，实现了在线教学与现场教学实质等效。共有1 484门线上课程向社会共享开放，学校464门课程开展线上教学，12 000多名学生顺利参加网课学习。其中"爱上汽车"网络课程作为超星首批全国示范课和湖南省首批网络共享课，在超星学银在线、中国大学MOOC同时上线，600余所学校学生选修，浏览量超2 000万。主动实施行动导向教学法、项目教学法、翻转课堂教学法；强化信息化教学手段的运用，广泛运用多媒体教育技术、信息网络教育技术等现代教育技术，改变教学传播媒体，提高教学质量；加大推进基地的资源库建设，提升慕课、微课的品质；紧跟汽车行业的先进技术，及时将新技术、新工艺、新方法纳入课堂教学中。

（二）依托信息技术推进教学资源及教学平台共享

搭建标准化在线学习课程。调研分析典型岗位，按照解构任务，重构学习思路，分析工作任务所需要的知识点和技能点，绘制知识技能导图，并依图施工，开发学习手册、微课视频、实操视频、原理动画、工作页等多种类型的颗粒化资源。针对不同用户制定个性化学习方案，灵活构建课程框架，从知识和技能导图中选取知识点和技能点，按图索骥选择资源素材，搭建标准化在线学习课程。

教学信息化覆盖课前、课中、课后三个环节。课前，学生领取学习任务，浏览学习手册，观看微课视频，完成在线测验；课中，教师对重点、难点进行讲授，指导学生进行实训；课后，学生完成课后作业或拓展。信息化教学模式有效提升了课堂效率，增加了学生的实训时间。但与此同时，也需要更高的校园硬件设施予以保障。由此，越来越多的职业院校搭建了覆盖全校的无线网络，并对校园网出口带宽增容升级，提升并发访问速度和数据传输质量，方便教师和学生随时随地高速接入网络应用教学资源和教学平台展开教学。并且，不少职业院校在教学场所配置大型触屏式一体机电脑，便于互动式动画资源的使用和高清视频的播放，进一步提高教学资源课堂中的应用效果。

信息技术推动了校际合作、校企共建、资源共享。利用集团网站，搭建基础平台，强化各成员单位沟通交流，促进教学资源共建、科研信息共享、人才培养共育。同时，联合职业院校编制《资源共建共享联盟校际学分认定和转换试点工作方案》，为探索校际资源共享、学分互认机制提供了保障，使各院校课程体系与教学内容建设、教材编写与师资队伍培养及校企合作等方面有规可依。

三、借助人工智能技术实现教学资源个性化推荐

毫无疑问，一方面，信息时代于大众而言是幸运的，信息唾手可得，足不出户就能知晓世界大事。但另一方面，海量信息势必会造成信息混乱，杂乱无章，反而失去了意义。这种自相矛盾的场景同样出现在教学分析中。

人工智能技术的大数据分析功能能有效地应用于教学数据分析中，从而对学习者进行恰当的引导。下面通过学生模型、学习资源、推荐策略等方面探讨基于人工智能技术的个性化推荐。

（一）客观的学生模型

人工智能可视化系统通过对学生学习习惯、学习微表情、学习反馈等实时记录形成海量学情数据，通过大数据技术对这些真实的信息化教学数据进行分析，构建由学生资源浏览情况、课堂表现情况、互动交流情况、作业完成情况、知识掌握情况等要素构成的学生模型。通过对学生模型的分析，可以全面了解每一个学生的学习进度和学习效果、学习参与度和积极性、作业完成情况和课堂表现，从而更加准确地掌握真实的教学效果，从而提供有针对性的学习资源、最佳的学习路径和定制化的进度安排。此外，通过对单个知识点掌握情况的分析，全面把握学生对哪些知识点已经了解，哪些还存在

困惑，便于教师发现和改善教学设计中存在的问题。学生通过对自身模型的观察与分析，可以客观掌握自身的学习情况，发现学习中的不良习惯，提升自身的学习能力。

（二）定制的学习资源

"定制式学习"是根据学生自身特点和需要，针对性解决薄弱环节，实现因材施教。定制化学习资源设计包括两个方面：知识体系树的构建和不同类型的学习资源的建设。

知识体系树是指将知识点进行梳理后，按照逻辑关系进行分类罗列，显而易见，知识点的梳理是知识体系树形成的前提和基础，知识点是否清晰可抓取，是否过大不够精细等，需要教师作充分的研讨。人工智能的融入将使这一过程更加客观、科学。首先对不同专业、不同课程的知识点进行分割，直到得到不可再划分的颗粒化知识点为止。随后建立知识点之间的联系，知识点和知识点的联系可分为以下几种类型：第一，上位下位关系。依据加涅学习目标层次理论，部分知识点在逻辑上具有先后顺序，也就是在学习某个知识点前，必须首先学会其下位知识点，下位知识点是学习上位知识点的必要条件，上位知识点是下位知识点的进一步提升。第二，相关关系。如果知识点1、知识点2、知识点3三个知识点中，知识点1是知识点2的下位知识点，知识点2是知识点3的下位知识点，那么知识点3和知识点1就是相关关系。第三，并列结合关系。如果两个知识点的学习既不能产生从属关系，又不能产生总括关系，但可能产生联合意义的两个知识点就是并列关系。

构建不同类型的数字化学习资源，在构建知识体系树的基础上，依托数字化教学资源呈现知识点。数字化教学资源的类型包括文本、PPT、微课视频、操作视频、原理动画等，教师可以根据教学需要和学情特色进行不同的教学资源推送，学生根据自身的学习习惯和薄弱环节，选择不同类型和不同知识点的学习资源。

由于每个知识点都可以用不同类型的教学资源呈现，无数颗粒化知识点就构成了基于人工智能技术推荐的个性化教学立体空间。在向学生推送的过程中，根据知识点的特点选择最优的资源呈现形式：较为基础的定理型和概念型的知识点可以向学生推送文本类资源，帮助学生掌握概念和理解定理；

较为复杂的技能型知识点可以向学生推送操作视频类型资源；较为重要的应用型知识点，要制作成相关微课视频和原理动画向学生推送，帮助学生建立逻辑完整的知识体系。

（三）个性的推荐策略

采集信息化教学平台中的教与学行为数据，利用人工智能技术对数据进行分析处理，总结每个学生学习风格、认知特点以及学习效果，依据学生不同的学习特征以及薄弱环节，设计个性化学习策略与路径，实现个性化的推荐策略。

首先，详细记录信息化教学平台中学习者的浏览资源、作业测试、随堂测验等学习行为数据。随后，将收集到的测试试卷、作业题目等各项数据都进行知识点标签化处理。最后，通过对学习数据的分析，了解每个学生每门课程、每个项目甚至每个知识点的掌握情况。由于不同学生对同一个知识点掌握程度不同，因此针对每个学生推送的资源按知识点掌握程度进行选择，通过推荐个性化的学习资源，有助于帮助学生了解自己的薄弱环节、完善自己的知识体系。例如，两名学生的测试成绩完全相同，但是通过人工智能技术分析，发现两个人掌握的知识点是有所差异的，因此向两个学习者推送的资源侧重点也是不同的。人工智能技术可以根据学生的学习行为形成完整的学情报告，教师通过查看学情报告掌握每个学生的学习效果，明确发现学生知识点的不足，向学生发送与错误知识点相匹配的学习资源练习题目，帮助学生进一步巩固知识。当然，不同的知识点所推送的资源数量也是不等的，主要从以下三个维度进行分析：

第一，知识点的重要程度。一方面，不同知识点在相关课程的理论体系和工程应用中的重要程度不同，通过人工智能技术根据不同知识点的重要程度确定推送资源的数量；另一方面，通过对学生学习情况的分析，推送适合学生学习的知识点，以确保学生能有效学习，"吃得饱"且"吃得好"，从而提升学习质量，避免做重复无效练习。

第二，知识点的难易程度。每个知识点的难易程度不同，阐述其原理所需要的资源的数量也不同，因此不能按照统一标准练习所有的知识点。借助人工智能技术，划分每个知识点的掌握难易程度，困难的、难以掌握的知识点增加推送数量，简单的、易于掌握的知识点减少推送数量，既节省了学生的学习时间，又不会遗漏任何知识点。

第三，知识点的练习次数。每个知识点的掌握都需要一定的练习量，如果达不到相应的数量，能够掌握并运用会有一定的困难。借助人工智能技术挖掘分析数据，确定每个知识点的资源推送时间和推送次数，达到学习目标的学生则进行下一知识点的练习，未达到学习目标的学生继续进行本知识点的练习。通过针对性的练习推送，使学生实现随时随地学习，且能根据自己的学习能力进行学习，提振自信，这对高职学生而言非常重要。除了推送相关习题开展练习外，还可以将各种文本资源、动画资源、视频资源推送给学生，帮助学习者内化和吸收知识点，实现学生个性化的学习，激发学生学习兴趣。

人工智能技术在个性化教学资源推荐方面具有以下意义：首先，人工智能技术在个性化教学资源推荐中的运用为教师节约了大量精力和时间，提高了教学工作效率。依托人工智能技术实现对教学行为数据的采集，全面地掌握学生的动态，把握其个性特征和实际需求，为教师更好地引导学生的主动学习行为，进行有针对性的指导提供了帮助。其次，人工智能技术在个性化教学资源推荐中的运用有助于提升学生的主动学习能力。基于人工智能技术的个性化教学资源推荐教学不但可以为教师开展个性化教学提供辅助，也能为学生量身打造自主学习的具体路径。利用人工智能技术推荐的海量学习资源，学生可以根据自己的学习特点，自由选择学习资源，实现知识的自我建构，提升自主学习能力。最后，人工智能技术在个性化教学资源推荐中的运用有助于个性化成才。人才的个性化发展是培养创新能力的前提。基于人工智能技术的教学资源个性化推荐为教学资源的聚合、教学策略的应用、教学效果的提升、教学评价方式的改进等带来了机遇，有助于教师洞察学生的学习特点和自身优势，引导学生在信息碰撞中激发创造性和灵感，有利于培养自由发展的个性化创新型人才。

四、通过智能交互系统提升教育教学效果

在传统的教育方式影响下，职业院校的教师和学生将知识的获取和储备作为教学的首要目标。教师的教学方法一般是将知识反复讲授，引导学生多

次重复记忆，"重接受轻求证""求同排异""闭门读书不求甚解"的学习方式使学习效果大打折扣。学生的主体意识被忽略，课堂组织形式单一，教学效率偏低。在信息技术发展日新月异的今天，人工智能技术与各个产业的深度融合颠覆了传统的产业格局，也极大促进了教育教学领域的深化改革。首先，高职院校教师不仅要为学生传授理论知识，还要针对实际问题加以探究分析，强化学生的分析能力和推理能力，帮助学生掌握科学探索的方法。这意味着人工智能时代的教情有了重大变化。其次，扩招后的高等职业教育面对不同渠道、不同基础、不同教育背景、不同求学目标的生源，学情分析如何落实到教学组织和实践之中，教学目标如何科学落地，教学资源如何有效搭建并合理推送等急需教师重构教学理念、教学方式、教学流程设计、知识体系，以满足学生需求、社会需要。高职院校在进行人才培养过程中应当将人才的教学方法和人工智能技术相结合，全面创新人才培养方式，提高高职院校的教学水平。

人工智能技术为因材施教的教学方式提供了技术上的支持，通过对学习者学习行为习惯的挖掘与分析，预测并影响学习者的学习行为，使得教学方式的改革成为可能。同时大数据技术为教师提供客观、即时的反馈数据，使教师能够更加准确把握不同类型学生的学习需求，灵活调整教学节奏和内容，更好地为学生提供多元化、多模态的学习体验。具体来说，包括以下措施：

（一）教师与学生的交互

对于学生在学习过程中遇到的困惑，教师给予及时的反馈，避免学生对困难产生恐惧感，增加学生学习的主动性。教师利用人工智能技术分析学生学习数据，将学生在资源浏览、作业测验中遇到的问题进行汇总，归纳出共性与个性的问题及其解决方案。对于共性问题，在课堂上进行同步或者异步集中讲解，帮助学生掌握知识点及相关拓展内容；对于个性问题，与学生进行个别交流。根据知识点类型的不同，对学生采取的讲解方式也不同，但是要做到题题可解，时时可答。

（二）学生和平台的交互

智能交互平台通过采集学生学习过程痕迹，比如课前准备、课堂动态、讨论参与、作业呈现等，运用大数据分析系统对其学习行为进行分析。分析结果被发送至相关部门和教师，实现教学可视化，从而相应调整教学方式，提升课堂教学效果。在实训课堂上，将操作视频链接转化为二维码并贴在实训设备上，当学生在实训遇到疑问时，可以使用手机扫二维码直接观看实操视频，避免了教师的重复讲解，提高了学生的学习效率。

（三）学生与学生的交互

通过对学生学习活动数据进行采集，借助人工智能技术分析学习行为，将学习风格接近、认知水平一致、知识点掌握程度相当的学生组建为网络学习小组。小组成员在线上和线下对问题进行共同探讨，追求共同合作和进步，此外学习者之间还可以进行学习外的相互沟通，分享生活中的趣闻轶事和成长中的经验教训，促进学习者非智力因素的成长。

（四）学生与资源的交互

海量的学习资源是信息化教学的基础，但是大量的学习资源也会让学生迷失在知识的海洋里。基于人工智能技术教学方式，通过对学生学习全过程的数据进行采集与处理，可以为学生推荐符合其学习路径、认知水平的学习资源，帮助学生在资源迷航中找到方向，同时也促进学生个性化的成长。

学生与教师、学生与平台、学生与学生、学生与资源之间是建立在真实数据基础上的双向交互，是人工智能背景下教学方式改革的基础。高效的交流互动不但可以提升学生对知识的掌握水平，提高学生的课业成绩，还可以增强学生的实践能力和创新精神，有助于学生在竞争中成长、在合作中进步，帮助教师真正转变为学生知识意义建构的引导者、良好情操的培育者，提高教育教学质量，促进学生的个性发展。

五、依托智能考试平台，提高阅卷与教学效率

首先，教师将知识点根据难易程度的不同进行分层处理，形成题库。然后，通过学情数据采集与分析技术，充分掌握每个学生的知识水平和理解能力，将学生进行分组。在学习过程中，学生或教师可以通过智能考试平台，实现一生一卷，从而使分层教学成为现实。

其次，智能考试平台利用其光学字符识别技术，智能批阅测试试卷，完成统计分析。一方面及时提供相关数据，为教学设计和教学环节调节作参考；

另一方面，把教师从繁重的重复工作中解放出来，使其有更多的时间来研究教学设计和教学实施，极大提高了教学效率。

最后，教师还可以对考试数据进行分析，根据不同知识点对应试题的正确率，将未掌握同一个知识点的学生集中在一起，开展有针对性的讲解和训练，帮助学生快速提高学习成绩；通过人工智能技术和大数据分析技术，教师可以针对错误频率较高的知识点录制微课视频或者制作其他类型的资源，并发布在在线学习平台，学生可以自行观看并领会以前不懂的疑难杂症，有效提高学习效率。

第二节　探索"五元融合"人才培养模式，培养高素质技术技能人才

湖南汽车工程职业学院基于产业的融合性、技术的复杂性，树立未来人才理念、智慧教学理念和协同培养理念，培养适应现代汽车产业"新四化"要求，有追求卓越的心志，有汽车技术与信息技术集成本领，有一定逻辑思维与创新能力的高素质技术技能型人才。以"汽车智能技术专业群"这一中国特色高水平专业群建设为契机，探索实施了"五元融合"人才培养模式。

一、坚持思政融入

育人为本，德育为先，强化职业道德和职业精神，促进学生知识、技能、职业素养协调发展。发挥文化育人功能，将行业、企业、职业等要素融入校园文化，使学生在校就能感受到职业文化，培养职业意识，形成良好职业素养，促进校园文化建设与人才培养的有机结合。2011年，湖南汽车工程职业学院"以'535'为核心的高职主题教育与素质拓展序列化研究与实践"立项为省大学生思想政治教育特色项目，此项工作从此全面实施。2015年，"以'535'为核心的高职主题教育与素质拓展序列化研究与实践"立项为湖南省大学生

思想政治教育示范建设项目，由湖南汽车工程职业学院引领，在湖南铁路科技职业技术学院、湖南现代物流职业学院、湖南科技工业职业学院实施推广。"535"就是五种素质、三种规范、五种品质。具体来说五种素质是思想素质、文明素质、心理素质、人文素质、职业素质；三种规范是职业礼仪规范、职业行为规范、职业道德规范；五种品质是忠诚敬业、客户至上、团队协作、精益高效、学习创新。

（一）思政融入的整体思路

思政融入以"以'535'为核心的高职主题教育与素质拓展序列化研究与实践"项目为起点，以培育德才兼备、全面发展的社会主义事业建设者和接班人为根本目标，以夯实学生的思想道德素质、强化学生的职业素养为主要内容，以主题教育和素质拓展活动为重要载体，以综合素质认证和思想品德评定为关键手段，充分调动学生自我学习、自我教育、自我管理、自我锻炼的积极性，让学生在实践中感悟、在行动中提升，把思想教育内化为自己的行为习惯和内在品质，使学生成长成才。

根据学校"三全育人"综合改革试点工作总体安排，突出"课程思政""科研思政""实践思政"三大思政，创新思政教育与专业教育融合模式。制定《智能网联汽车专业"三全育人"改革实施计划》，以新思政观引领改革，重点实施"三大思政"，将思想政治工作贯穿专业教育教学各环节，创新思政教育与专业教育融合模式。

1. 突出"课程思政"，与思政课团队一起"大合唱"。制定实施《课程思政建设团队工作计划》，构建思政理论课、通识课、专业课的"课程思政"体系，制定习近平新时代中国特色社会主义思想"三进"方案，发挥思政课显性教育功能与专业课程隐性教育功能的协同效应，加强团队教师思想引导，树立"大思政"观念，与思政课团队和辅导员团队建立"思政教育共同体"，开展"每周交流、每月讨论、每期研究"，把思政教育由"独唱"升级为精彩"大合唱"，建设"课程思政"示范课程10门、"课程示范"示范案例6项，让教师成"金师"、课堂成"金课"、专业成"金专"。

2. 突出"科研思政"，在科研服务中奏出"和弦音"。以培养符合时代发展所需的创新型技术技能人才为目标，发挥教学团队示范作用，鼓励教师把科研精神融入教育理念，把思想价值引领贯穿于科研全过程，构建科研育人新平台，将思政育人纳入科研服务选题设计、立项、研究、考核评价全过程，让学生在科研服务中增长才干，培养学生工匠精神和专业态度，增强服务国家社会发展的责任意识。

3. 突出"实践思政"，在实践教学中奏响"主旋律"。构建统一规划、分层实施、分类管理的实践育人体系，将思政教育渗透到校内实训、企业见习、生产实习、岗位实习以及社会实践等全过程，深入推进实践教学改革，分类制订实践教学标准，充分发挥实践育人的作用，在实践教学中奏响"主旋律"。

（二）思政融入的具体措施

思政融入的具体措施是构建以"535"为核心的德育工作序列化体系，主要包括内容体系、执行体系、评价体系和保障体系。

1. 构建以"535"为核心的德育工作序列化内容体系。结合世界500强企业最需要的员工核心品质和企业岗位资质调研，并遵循思想政治工作规律和学生成长规律，最终筛选出五种素质、三项规范、五种品质作为高职学生德育工作的核心内容。

2. 建立以主题教育和素质拓展活动为主要途径的执行体系。主题教育由学工处牵头设计、检查考核，由二级学院和辅导员具体实施。根据学生素质养成的基本规律，按学习年度（学期）编定教育内容、教育主题。在校期间按五个学期、每个学期四个月安排，每月开展两次主题教育。一次夯实基础素质，以思想素质、文明素质、心理素质、人文素质为主；一次突出职业素质，以职业认知、职业规范、职业道德、职业品格为主。第六个学期，即岗位实习期间依据专业情况制定具体实施方案。学生在校期间共开展40次主题教育。素质拓展活动由团委牵头设计，教务处与思政部配合，并组织检查考核，由二级学院和社团负责人具体实施。根据主题教育内容体系，打造"十大"品牌活动。同时，每月固化一些经典活动，使素质拓展活动开展形成常态机制。

3. 构建以思想品德与操行评定制度和素质拓展证书认证制度为核心的评价体系。由学工处牵头，建立学生思想品德与操行评定制度，每月对学生思想品德和行为规范（含文明守纪、劳动卫生、实习实训、课堂纪律、就餐就寝等）进行考核，每期汇总，由辅导员负责。由团委牵头，建立素质拓展证书认证制度，对学生在校期间的思想素质、文明素质、心理素质、职业素质、人文素质五个方面进行写实纪录。在学生毕业时由认证中心对该生的综合素质在真实记录的基础上作认证评价，作为学生求职的依据。

4. 构建经费、场地、师资队伍和科研相结合的保障体系。湖南汽车工程职业学院现有专职德育工作者 71 人、社团负责人 43 人，这几年，通过主题教育方案设计、主题教育班会观摩、主题教育实践活动汇报等活动的开展，辅导员专题培训，优秀社团负责人评选等多种方式锻炼和提高了专职德育队伍的素质与水平。

（三）思政融入的机制保障

1. 成立机构，加强领导。成立以主管校领导为组长，学工处长为常务副组长，学工处、团委、二级学院和相关处室负责人组成的领导小组。

2. 制定方案，完善机制。严格按照《以"535"为核心的高职德育工作模式创新与实践》工作方案要求，制定《项目实施办法》《项目经费管理办法》《以"535"为核心的主题教育序列化实施方案》《以"535"为核心的素质拓展序列化实施方案》《学生素质拓展证书认证制度》《学生思想品德与操行评定制度》等相关文件，为项目的顺利实施提供经费和制度保障。

3. 广泛宣传，加强培训。湖南汽车工程职业学院从 2011 年开始对辅导员队伍进行以"535"为核心的主题教育专题培训，对社团负责人进行以"535"为核心的素质拓展专题培训，使辅导员与社团负责人全面熟知本项目建设内容、目标与要求、步骤与措施、成效与评价等内容。

4. 精心组织，有序推进。2011 年 9 月开始，湖南汽车工程职业学院学工处组织各院系按照实施方案有序开展主题教育与素质拓展活动。2014 年 9 月开始，学院学工处组织各位辅导员共同进行主题教育资源库的建设开发，团委组织各社团开展素质拓展品牌活动。2017 年 3 月开始，组织各位辅导员着手主题教育读本的编写。

（四）思政融入的特色创新

习近平总书记在全国高校思想政治工作会议上强调：要坚持把立德树人作为中心环节，把思想政治工作贯穿教育教学全过程，实现全程育人、全方位育人。以"535"为核心的高职德育工作模式完全切合了这一要求，其主要特点有三：

1. 形成了序列化的内容体系。以"535"为核心的主题教育和素质拓展内容体系，从学生入校到毕业，三年40个教育主题和10项素质拓展活动的设计，由浅入深，循序渐进，紧跟时代步伐，紧扣教育要点，遵循学生成长规律，坚持以人为本，全面实施素质教育，尤其是强化职业道德和职业精神培养，突出职业教育的特点，帮助学生尽快向"职业人"转化，真正做到了按规律办事，因事而化、因时而进、因势而新。

2. 形成了明晰化的执行体系。学工处、团委和二级学院既各司其职，又相互配合，执行体系合理、顺畅，素质拓展活动紧扣主题教育要求，形成了校园文化活动品牌。主题教育和素质拓展工作计划、记录和检查考核等资料齐全，形成了全程育人、全方位育人的良好态势，有利于学生成才成长和可持续发展。

3. 形成了可操作化的考核体系。以《学生素质拓展证书认证制度》和《学生思想品德与操行评定制度》为核心的评价体系的完善、规范，运行有序、有效。学工处和二级学院把学生的行为习惯、文明素养和思想道德品质作为重要考核内容，彻底解决教育与行为考核脱节的问题。团委和各社团共同研究学生综合素质学分的评定和综合素质拓展证书的发放，真正落实三元学分制，彻底推进大学生综合素质提升。

从目前就业反馈来看，坚持以人为本，全面实施素质教育，尤其是凸显职业意识、职业道德、职业素养的职业教育，已成为教育界和企业界的共识。对于高职院校来说，培养学生职业意识，培养学生良好的职业素质非常重要。因此，全力打造以学生为本、凸显职业素质的以"535"为核心的高职德育工作模式，是创新大学生思想政治教育内容、全面发展社会主义事业建设者和接班人的需要。

二、坚持岗课赛证融通

"1+X证书"制度的实施有助于引导职业院校将能力评价标准融入课程体系建设，实现课程体系与人才需求的有机融合以及各专业之间的交叉融通，促进学生的实践技能和综合能力的提升，从而使职业教育人才培养模式更加符合产业需求。通过职业资格鉴定、建设省级 1+X 教学研究中心，将职业标准融入课程，推进以证代考。

（一）依据"1+X"证书模块体系重构课程体系

1. 根据产业需求重构课程体系，无缝衔接教学就业

随着生产力与生产方式不断变革，技术技能人才的定义不断变化。从传统的"技艺娴熟，能够胜任生产一线工作"到"高素质、复合型、创新型人才"。人工智能技术致力于重点领域的生产方式创新，带来了生产方式的重大变革，对技术技能人才的结构、层次和素养提出了更高的要求。

《国家职业教育改革实施方案》明确提出："深化复合型技术技能人才培养培训模式改革，借鉴国际职业教育培训普遍做法，制订工作方案和具体管理办法，启动 1+X 证书制度试点工作。"这一制度的颁布为人工智能背景下的高职院校课程体系改革指明了方向。一方面，"1+X 证书"制度更高质量体现了人才培养就业导向，从产业需要出发倒逼人才培养规格改革，促进学生的实践技能和综合能力的提升，从而使职业教育人才培养模式更加符合产业需求。另一方面，"1+X 证书"制度的实施对调动学生学习积极性有重要意义，通过与岗位对接的课程改革让学生学有所获、学即能用，实现职业教育培养"高素质技能型人才"目的。

职业院校首先选择"1+X"职业技能模块以及模块等级，针对职业技能等级标准的要求，将同一个模块涉及的课程，安排到同一个学期或者相近的学期，便于学生形成完整的知识体系和考取职业技能等级证书；对于证书获取必修的新增内容，通过增设课程以及实训模块进行强化训练，最终实现课程体系的覆盖范围及开课时间与职业技能等级证书模块体系相适应。授课计划基于模块化加以调整，根据知识标准、能力标准、素养标准确定教学目标，使课程章节与工作领域相适应，实训任务与工作任务相一致，授课内容与岗位实践相匹配，确保学生能够学有所得、学有所用。根据职业技能等级评价标准中各工作任务的具体要求，制定该课程实训设备清单，优化实训指导课件、考核题库及评分细则等实训资料。实训考核涉及学习态度、6S 管理、安全操作、专业技能、操作流程、实训报告撰写等方面。

2. 针对不同对象定制课程体系，人才培养有教无类

高职百万扩招计划鼓励中职毕业生、高中毕业生、下岗职工、农民工和退役军人报考高职院校，职业教育面向的教育对象更加多样化。百万扩招计划有助于将人口红利转变为人力资源红利，为产业发展输送更多高素质技术技能人才，有效提高全要素生产率，助力中国制造走向全球中高端水平。但面对不同知识基础、不同思维方式、不同发展目标的培养对象，职业院校必须有针对性地制定人才培养方案和课程体系，满足中国产业各个技术层次工作岗位的需求。

人工智能和教育教学的结合，使个性化、多层次人才培养成为可能。依托信息化教学平台和职业教学资源库项目，可以实现课程体系和教学资源的共建共享。同时，各院校之间可以依托信息化平台就课程体系标准进行交流互鉴，并根据院校特色和学生特点对其进行调整并选择资源搭建个性化课程。通过智能化教学平台定制课程体系，实现学生的个性化培养，措施如下：

第一，覆盖全产业链，适应行业发展需求，一体化设计标准课程体系。标准课程体系是个性化课程体系的建设基础，具有最全面行业覆盖范围。由于职业教育涉及的产业链长、技术领域宽、更新发展快，为了能够覆盖产业链条不同环节，兼顾不同院校同类专业的专业定位，需要对全国各地区产业链条各个环节的企业进行广泛调研，设计覆盖"技术研发—生产制造—销售售后"全产业链的标准课程体系。如湖南汽车工程职业学院汽车智能技术专业主动适应智能网联汽车、新能源汽车产业发展需求，面向智能网联汽车智能终端和整车试验测评、测试装调、系统标定、应用程序平台运维、产品质量管理、售后技术支持等岗位，以智能网联汽车装调测试为基础，强化车载网络技术、网络通信技术、车路协同技术等课程，构建了包括 48 个基础能力模块、64 个专项能力模块、24 个综合能力的"岗位对接、能力递进"模块化课程体系。

第二，解构工作任务，绘制知识技能导图，依图施工开发颗粒化资源。根据标准化课程体系，重点调研分析全产业链代表性企业的典型岗位，参考"1+X"职业技能等级标准要求，按照"解构任务，重构学习"的思路，解构工作任务，得到完成工作任务所需的知识点和技能点，绘制知识和技能导图，

依图施工开发文本、视频、动画等多种类型颗粒化资源。

第三，面向不同对象，按图索骥选择资源，因材施教重构个性化课程。各职业院校依托信息化教学平台复制标准课程体系，并根据培养对象的不同，对标准课程体系作出适合学生学情和培养目标的增减，定制适合多种类型学生的个性化课程体系。依照知识和技能导图，根据培养对象按图索骥选择资源素材，按照"素材—积件—模块—课程"的逻辑搭建"个性化课程"。学生根据自身优势和职业生涯规划，选择符合自身发展的课程，从而满足系统学习和个性化学习的需要。

与此同时，针对生源多样化特点，进行弹性学制管理，学生在规定最长期限内根据要求完成学习内容及测试，达到标准则可进入毕业程序；同时，制定学分认证制度，结合企业在职员工的工作经历，将企业实践课时与实训课时对等认证，调动在职生源的学习积极性；也可以推行周末集中面授学习、工作日网络自主学习和送教入企等弹性教学方式，满足不同学生的需求。

3. 依据产业动态修正课程体系，实时追随行业趋势

产业的发展需要高素质的人才队伍作为技术支撑。职业教育必须根据产业发展趋势和人才培养的新要求，重构重点产业领域的相关专业课程体系，满足产业岗位对技术技能人才的需求。

然而，工业产业变革突飞猛进，技术更新换代速度加快，高职院校需要依托人工智能和大数据技术，敏锐捕捉产业现状和未来趋势，结合自身的办学定位和专业优势，从前沿技术、发展趋势、用人需求等多个维度，加强专业内涵建设，及时调整人才培养方案和专业课程体系，推动职业教育向服务国家、服务地区产业和特色产业的方向发展。

（二）依据"1+X"证书工作领域调整授课计划，优化实训任务

依据"1+X"各个证书模块中的工作领域调整课程授课计划，根据知识标准、能力标准、素养标准确定教学目标，使课程章节与工作领域相适应，实训任务与工作任务相一致，授课内容与岗位实践相匹配，确保学生能够学有所得，学有所用。

根据职业技能等级评价标准中各工作任务的具体要求，制定该课程实训设备清单，优化实训指导课件、考核题库及评分细则等实训资料。实训及考

核内容需要涵盖安全"7S"管理态度、专业技能能力、工具及设备的使用能力、资料信息的查询能力、数据判读和分析能力、表单填写与报告撰写能力等。

（三）以赛促学，提升学生专业技能

湖南汽车工程职业学院建立健全国家、省、校三级竞赛机制，积极组织参加各级各类学生技能竞赛，制定大赛相应的管理制度与奖励制度，扎实开展每阶段的学生技能竞赛备赛工作，通过宣传动员、团队组建、技能训练、专家指导、集中备赛等环节，提升学生的专业技能水平和综合素质能力。学校赛前召开动员大会暨部署会，鼓励动员指导；同时邀请校外专家导师对参赛学生进行赛前培训；与兄弟院校开展同台模拟竞赛，取长补短；及时召开竞赛训练分析会，找出不足，及时调整训练计划；赛后召开总结表彰会，总结经验教训，鼓励先进鞭策后进。以下是学生在各级各类技能竞赛中的获奖情况及学校承办的技能大赛。

湖南汽车工程职业学院 2022 年学生技能竞赛再创新高

2022年，学校获得国家一类竞赛高职获奖13项，省级一类竞赛高职获奖84项，其他类竞赛获奖30余项，技能竞赛成绩再创历史新高。其中全国学生技能大赛获3个一等奖、24个二等奖、31个三等奖，其中"嵌入式技术应用开发""互联网＋国际贸易综合技能"获得全国第一名好成绩，"互联网＋国际贸易综合技能"实现了五连冠；湖南省职业院校学生技能竞赛，获12个一等奖、24个二等奖、31个三等奖，以湖南省总分第四名成绩获得竞赛团体二等奖、优秀组织奖；湖南省第一届职业技能大赛获得4个金奖、3个银奖、1个铜奖。

湖南汽车工程职业学院谱写承办
2022 年全国高职飞机发动机技能大赛奇迹

2022年8月27—29日，学校首次承办了2022年全国职业院校技能大赛（高职组）"飞机发动机拆装调试与维修"赛项，来自全国23个省、自治区、直辖市42支参赛代表队百余名选手参加角逐。

学校从 7 月接到上级任务,仅仅一个多月时间,从无到有,从有到优,创下了湖汽职院完美承办国赛奇迹,实现零投诉,得到各级领导、专家师生一致好评,也开启了株洲市承办学生技能大赛国赛之先河,填补其空白。学校紧密接湖南"三高四新"战略定位,服务"培育制造名城、建设幸福株洲",着力打造汽车为主体、航空和服饰为两翼的"一体两翼"专业群格局,立足专业树品牌,聚焦内涵强质量,成为中国特色高水平高职学校和专业建设单位。

(四)探索岗课赛证融通,推进技能统考

坚持职业岗位标准、课堂教学(课程建设)、1+X 证书(职业技能等级证)与大赛结合,把岗位标准融入教材,学院与国汽(北京)智能网联汽车研究院有限公司、神州数码信息服务股份有限公司等 10 家公司开展 1+X 证书培训考证工作,2022 年 200 多名学生获得证书。同时,学院积极探索将汽车技术、嵌入式技术应用开发、互联网+国际贸易等赛项的规程,技能点等融入到课程教学中,建立起基于赛项的实训教学场所,狠抓课堂教学效果。学院质量管理中心开展听课评课活动,坚持"赛岗课证融通,赛学教研一体"的教学理念,力促教学质量提升。车辆运用学院每年坚持在各专业中推进技能统考,将统考成绩纳入对应专业课程,推动学生技能逐步养成。

三、坚持理实融会

校企合作开发多样性立体化教材等数字资源,建设"新形态"教材与资源。学校与华为技术有限公司、百度在线网络技术(北京)有限公司、中国中车股份有限公司、国汽(北京)智能网联汽车研究院有限公司等企业合作,将工匠精神、企业文化、安全生产规范等课程思政元素充分融入课程教材建设,利用智能识别、AR/VR 技术等,以新型活页、工作手册、创意绘本等多样化方式,建设教学内容、云端资源、工作场景三者融合的"新形态教材"。满足按模块灵活"组课"、育训结合需求,针对作业流程型课程,开发"工作手册式"教材;针对兼具作业流程与结构原理特征的课程,开发 AR 新形态活页式教材;针对专业导论和通识性课程,开发创意绘本教材。推进基于智慧课堂的教学革命，重点开展项目教学、模块化教学、一体化教学。

（一）开展项目教学

自 2010 年开始，湖南汽车工程职业学院与北汽株洲分公司开展校企合作，在校内建立培训基地，每年单列学徒制招生计划，实施汽车制造与装配技术专业学徒制培养。构建"长时间实习、探究性实训、综合型实践"的实习实训体系，学生在企业开展不低于 9 个月的"长时间实习"，在校内实训基地开展不低于 100 个项目的"探究性实训"，超过 30% 的学生参与教师科研项目开展"综合型实践"，提升学生动手能力、创新意识和创新能力。

（二）进行模块化教学

主动适应智能网联汽车、新能源汽车产业发展需求，面向智能网联汽车智能终端和整车试验测评、测试装调、系统标定、应用程序平台运维、产品质量管理、售后技术支持等岗位，以智能网联汽车装调测试为基础，强化车载网络技术、网络通信技术、车路协同技术等信息化课程，构建了包括 48 个基础能力模块、64 个专项能力模块、24 个综合能力的"岗位对接、能力递进"模块化课程体系。

（三）组织一体化教学

以岗位工作流程为导向，根据课程培养目标的要求，落实"教学做"一体化教学设计和学习情境设计的流程，从岗位工作任务分析设计学习情境。每个学习情境都是一项具体的真实任务，采用"教学做"一体化教学模式，所有内容的安排都要围绕学习任务的完成来展开。课程主讲教师根据"学习情境教学指导"的教学步骤和要求，在"教学做"一体化或整车实训室或仿真实训室、汽车公司执行教学任务。主讲教师在教学过程中必须发放相关的教学资料（工作单、学习指导书或引导文、任务考核评估标准等）给学生，并在学生学习过程中予以指导，协助问题的解决，引导学生思考，并处理学习问题和困难，同时依情境考核标准，评估检查学生工作任务的达成情况并提出问题和解决方案及改善计划。

四、坚持社团融会

依托协同创新中心等科研平台与省级创新创业孵化基地的硬件设备及师

资力量，按照学生科技社团、创新创业孵化团队、技能比赛特长团队、技能证书进修班 4 种类别对学生进行选拔，积极组织创新创业活动，孵化创新创业成果，通过科技竞赛、科技发明、创新创业孵化等，培养学生创新思维，提升学生创新能力、创业能力、专业能力。

（一）构建创新创业教育体系

探索专业教育与创业孵化一体化模式，按要求开足开好创新创业课程的同时，把创新创业教育纳入专业人才培养方案、渗透到职业生涯规划教育；实施"创业导师制"，从校友中聘请创业成功人士帮扶创业学生，并选配 8 名具备职业资格的教师和 20 名专业骨干教师担任创业导师。

（二）搭建创新创业平台

成立汽摩协会、汽车整形与美容协会等 11 个创新创业类社团，通过课外学术科技竞赛、科技发明、创新创业孵化等，引导学生在实践中习得复合能力，培养创新思维。积极组织创新创业活动，每年定期开展创新作品展、创新创业文化沙龙等活动，激发学生创新兴趣和创新意识；组织学生参加"挑战杯""湖南黄炎培职业教育奖创业规划大赛""科技创新大赛"等比赛，联合企业共建创客基地，将学生"赛车创新研发工作室"搬到企业，由企业出资金、出场地、出设备、出专家，支持教师和学生开展低碳技能赛车，每年定期参加全国巴哈大赛、本田节能竞技大赛。

（三）孵化创新创业成果

湖南汽车工程职业学院打造了"1+1+N"的创新创业孵化基地，并立项为湖南省大学生创新创业孵化示范基地，学校还是"株洲市 SYB 项目培训基地""株洲市大学生创业教育与培训基地"，并签约入驻株洲汽车博览园众创空间，有力地促进了相关项目孵化。近三年，共入孵创业项目 48 个，成功注册企业 5 家，入孵企业提供就业岗位 250 余个。

五、坚持信息融合

《智能汽车创新发展战略》明确指出：鼓励企业与高等院校合作开设相关专业，针对智能网联场景开发、整车试验试制、技术落地、商业化运营，协同培养具有创造性的中青年科技人才和管理人才。

（一）基于智慧教学平台，开发汽车类精品在线开放课

湖南汽车工程职业学院打造了集语音交互、人脸识别、AR/VR等多项AI技术于一体的智慧教学平台，满足大规模常态化多终端、线上线下融合贯通、教学数据全景追踪的学习体验。围绕智能网联汽车专业核心岗位技能，开发了"汽车单片机及车载网络技术""智能汽车环境传感器技术"等7门省级精品在线开放课程，省级精品资源共享课2门，与7所高职院校合作课程共享，已完成2 100多名学生学分认定与互换。基于AR/VR等技术，打造虚拟仿真实训中心。基于AR/VR等技术，打造虚实结合的仿真实训平台，并配置远程执行和共享系统，满足科普教育、社会服务、创新创业、竞赛实训、生产实训等多渠道应用，规避了真实实训中的安全隐患，建设与运行成本高、拆装过程不可逆等问题，于2021年立项为省级虚拟仿真实训基地。

"爱上汽车"入选国家精品在线开放课程

为进一步服务好广大学习者，"爱上汽车"课程团队按照"三强团队＋三精标准＋三泛模式＋三力机制"建用模式全方位提升课程建设质量。

一是联合北汽株洲分公司、宝马中国等单位，组建专业性强、互补性强、稳定性强的"三强"课程团队，开展课程建设与应用。

二是以课程团队确立的目标精准、内容精切、资源精良的"三精"课程建设标准，将新能源汽车等新技术、汽车保险等新规范有机融入课程，以汽车人奋斗精神为思政主线，充分挖掘思政元素。

三是面向不同学习对象，实施开放式泛用、混合式泛用、定制式泛用的"三泛"应用模式，课程开设10期，注册用户20 308人，总访问量2 915万余次。被南昌大学、山西财经大学等9所大学和陕西工业职业技术学院、无锡职业技术学院等24所职业院校选用为公共选修课，校外学习者累计达到7 800余人。

四是建立健全"强合力的协同机制、增动力的评价机制、挖潜力的激励机制"的"三力"建用机制，保障课程"精建""泛用"。经过6年建设与应用，课程立项为2022年职业教育国家在线精品课程、湖南省职业教育精品在线开放课程。

（二）重构智课堂平台，实现学生可视化成长

依托于汽车类高水平专业建设规划，破除专业壁垒，促进5G、人工智能、大数据、区块链等新技术同汽车类专业的交叉融合，实现人工智能与汽车学科的交叉螺旋式发展，构建"人工智能+"的新兴复合型汽车专业群。全面采集学生思想政治素养、专业知识技能水平、信息技术素养、创新创业等数据，通过对数据的联结、融通和再利用，精准为汽车工匠培养水平画像。深入推进教育链、人才链与产业链、创新链的有机衔接，将教学理念、培养目标、课程建设等环节融合于新兴产业链之中，以大数据和云计算技术为两臂，为汽车人才培养的内涵式发展提供重要的实现平台和载体，以全面提升育人质量。

（三）基于信息技术，打造汽车智匠培养场域

一是打造智慧公共实训平台。建设中国中车股份有限公司、北京汽车集团有限公司、华晨宝马汽车有限公司等12个品牌汽车校企人才培养基地，建设高水平嵌入式实训室、传感器实训室、智能终端装调实训室和智能交通综合实训室。二是打造汽车智能技术协同创新中心。与湖南交通科技研究院等企业共建了汽车智能制造工程技术中心、智能交通工程研究中心、智能网联汽车测试基地等应用技术协同创新中心，为汽车智匠培养提供技术研发平台。三是打造质量监测平台。与企业合作开发集课堂教学、线上学习、智能评价等功能于一体的"智课堂"平台，着力推进"大智云物移"信息技术与教育教学深度融合，构建了以数据伴随采集、智能分析、靶向推送、精准服务为标志的教和学可视化质量监测平台。

（四）建设"新形态"教学资源，支撑智慧学习

与华为技术有限公司、百度在线网络技术（北京）有限公司、国汽（北京）智能网联汽车研究院有限公司等企业合作，开发以虚拟仿真为主的满足线上、线下学习和训练的高质量原创资源15 000条，探索"四微"（微课程、微实训、微学分、微服务）的模式。利用智能识别、AR/VR技术等，以新型活页、工作手册、创意绘本等多样化方式，建设教学内容、云端资源、工作场景三者融合的"新形态教材"。

完善在线配套教学资源开发提高社会服务能力

湖南汽车工程职业学院联合全国7所职业院校和4家企业共同建设汽车智能技术专业教学资源库。汽车智能技术专业教学资源库建设紧紧围绕国家智能网联汽车产业发展，以用户需求为中心，以培养高素质智能网联汽车技术技能人才为宗旨，兼顾实效性、前瞻性、可操作性和有效性，发挥共建共享联盟作用。汽车智能技术资源库已完成"3+1+4"（3个应用中心、1个资源素材中心、4个信息窗口）总体架构设计，能够有效开展教学、培训和继续教育等，达到了国家教学资源库功能定位标准。目前资源库内有素材子库7个，视频类素材资源6 361个、动画类素材资源1 950个、虚拟仿真类素材资源336个，累计开发素材资源14 864条。资源库平台注册用户达到22 117人，产生检索资源、浏览课程、互动提问、作品提交自测和考试等学习行为日志达1 000万条。为满足国外的交流需求，资源库建设院校与巴基斯坦、肯尼亚、菲律宾等"一带一路"沿线国家签订了合作协议，建立了教育合作关系。资源库设计了国际交流"窗口"并通过网络、教育展和中介等渠道向国外境外推广教学标准和优质资源，服务"一带一路"倡议，探索高职"走出去"的新路径。

第三节 深化校企协同创新，科技成果转化出成效

企业是市场的创新主体，高校是基础研究的主力军和重大科技突破策源地，如今二者将更加紧密地结成"协同创新伙伴"关系。2022年教育部办公厅、工业和信息化部办公厅、国家知识产权局办公室联合印发《关于组织开展"千校万企"协同创新伙伴行动的通知》，提出有组织推动1000所以上高校支撑服务10 000家以上企业高质量发展的"千校万企"行动目标。这将推动高校

与龙头企业、中小企业加强产学研合作，最大程度发挥校企协同效应，促进创新链、产业链深度融合。

一、完善科技成果转化服务体系，夯实成果转化基础支撑

（一）完善成果转化规章制度

湖南汽车工程职业学院科技处负责科研全局工作的计划、组织和评估等管理职能，整合了科研规划与管理、成果转化、高职教育研究所、学报编辑、学术委员会秘书处管理职能。以健全高职院校科研管理职能、提高科研服务水平、提升科研管理效率和效果为目标，学院先后颁布和修订了《湖南汽车工程职业学院科研工作量化考核办法》《湖南汽车工程职业学院技术服务中心（研究所、工作室）设置与管理办法（试行）》《湖南汽车工程职业学院科技成果转化管理办法（试行）》《湖南汽车工程职业学院知识产权管理办法》《院级科研培育项目管理办法》《湖南汽车工程职业学院科研经费管理办法（试行）》等 10 余项科研制度，科研管理、管理转化、激励与服务等机制逐步完善；培养和引进了多名专业教授，构建了多个名师领衔的科研团队，科研骨干队伍初步形成。科研设施和经费投入不断增加，科研发展保障不断增强。初步形成了以科研促进管理、促进教学、促进社会服务的科研意识，科研工作步入良性发展道路。

（二）营造良好成果转化环境

为了充分发挥学校专业、人才和科技等资源优势，营造良好的创新创业环境，激发学校广大教师创新活力，调动科研人员创新创业积极性，促进科技成果转化，结合学校实际，科技处下设成果转化管理办公室，建立科技成果转化年度报告制度，单位每年 9 月前向主管部门报送上一年度科技成果转化情况的年度报告。

（三）构建高效科研服务体系

高职院校科研处工作人员应投入高度的热情和奉献精神，树立全心全意为科研人员服务的思想，在科研管理工作中不怕困难、虚心求教、锐意创新，为科研事业导好航、服好务，同时要有高水平的信息采集能力与实践能力。科研管理工作的特点之一就是需要广泛地采集科研信息，对其进行分类和整

理并将有价值的信息发送到相关部门。因此，科研管理者要熟悉情报检索，熟练查阅文献资料，了解当今科研战线的动态和趋势，及时、准确采集最新科研信息，并建立一个强大的"信息库"，随时为我所用。湖南汽车工程学院自 2014 年 10 月开始建设科研管理网络平台，2015 年 1 月正式开始使用。科研管理系统在运行过程中不断完善，至 2022 年 12 月增加了经费管理、科研成果管理等多项功能。学校充分利用人工智能信息化技术，打造科学化、系统化、个性化的智慧科研服务平台，进一步实现科研管理部门由管理角色到服务角色的转变。在制定相关科研管理办法制度时，充分考虑教师、企业、政府、行业等各方利益的诉求，充分体现产业、行业、企业等多元创新主体效能。依托智慧教育平台功能，组建跨部门的科研团队，在科研团队建设过程中提升教师个人科研能力。科研经费管理信息化和项目全过程数据化处理是传统科研服务管理方式向新型科研服务管理方式转变过程中的重大创新，是智慧教育生态平台的重要作用，也是高效科研服务体系的重要途径。

（四）科学规范科技成果转化程序

1. 规范成果转化方式、收益分配

2018 年 6 月，湖南汽车工程职业学院下发《湖南汽车工程职业学院科技成果转化管理办法（试行）》，该管理办法中规定以下事项：

（1）科技成果转化的主要方式包括：自行投资实施转化；向他人转让科技成果；许可他人使用科技成果；以科技成果作为合作条件，与他人共同实施转化；以科技成果作价投资，折算股份或者出资比例；其他协商确定的方式。

（2）科研处是学校科技成果的认定、管理机构，是成果转化的实施单位。

（3）科技成果确定价格的方式包括协议定价、在技术交易市场挂牌交易、拍卖等市场化方式。通过协议定价方式实施的科技成果转化，应当在学校网站公示科技成果名称和拟交易价格，公示时间不少于 7 天，无异议后再实施转化。

（4）科技成果完成并成功转化（经技术合同认定登记并全额到款）后，所得净收益的 80% 奖励给科技成果完成人，10% 作为中介费，10% 作为学校的收益。中介费用于支付学校所属单位以及校外中介机构实施转化成果费用。自行实施转化的，原本按 10% 比例提取的中介费用于奖励给参与实施转化的相关人员。

（5）对授权专利成果的转化，如在获得授权后5年内实施转化的，所得净收入或股权收益的90%奖励给专利发明人，10%作为学校的收益。专利获得授权5年后未实施转化的，根据专利维护费的缴纳方式，分为：由专利发明人自行缴纳专利维护费的，所得净收入或股权收益的90%奖励给专利发明人，10%作为学校收益。专利发明人放弃缴纳专利维护费的，由学校委托科研处持有该项成果并实施转化。实施该成果转化所得净收益的30%奖励给专利发明人，70%作为学校收益。

（6）学校在科技成果纠纷中的调解、诉讼、仲裁中获得的侵权赔偿或者补偿费，扣除调解、诉讼、仲裁等相应成本后的部分，视同学校许可他人使用科技成果的收益。

（7）学校在科技成果转化中所得的收益，所得净收入部分直接归学校，所得股权由学校院长办公会议决定。

2. 规范成果转化审批流程

（1）成果完成人提交《科技成果转化申请登记与审批表》，二级学院进行初审；

（2）成果转化管理办公室进行审核，组织商务谈判，制定交易方案；

（3）确定转化方式和定价方式；

（4）学校主管副校长审批；

（5）校长办公室或党委会审批（20万以上）；

（6）交易公示；

（7）签订成果转化合同。

3. 尽职调查程序

对于技术和专利的尽职调查通过上门调查和公开信息的检索分析来进行。上门调查重点是对发明人的访谈，查阅相关技术材料，对技术本身的情况进行充分收集，再结合FTO尽职调查的专利检索与分析，对技术的各项特征及重要的核心点和专利状况进行分析，判断有可能存在的各类风险，最终形成报告。

4. 建立考核评价体系

基于年度情况报告，分别进行定性评价和定量评价。定性评价包括技术转移机构、技术转移人才、科技成果转化制度及其执行、科技成果转化流程、科技人员兼职与离岗创新创业的制度制订与执行、科技成果转化奖励与报酬发放情况及其效果、典型案例、存在的问题等。定量评价就是依据年度报告提交的数据设计评价指标。包括对财政资助金额，以转让、许可、作价投资转化科技成果的项目数及总收入数，签订技术开发、技术咨询、技术服务合同数及合同金额，产学研合作的机构数，兼职科技人员数，离岗创新创业人员数，创设新公司及参股新公司数，成果转化取得的现金总收入，成果转化取得的股权总数等据数赋予不同的权重，进行定量评价。

科技成果的转化不仅仅是成果的研发方与转化实施方企业双方的合作，还要有科技成果评估、科技金融投资、知识产权保护、检验检测等专业化科技服务机构，而目前这些机构还很稀缺，特别是专业的科技成果孵化机构非常缺乏。

二、规范课题管理，提升课题立项数量和成果质量

（一）申报、评审和推荐做到公开、公正、公平

通过钉钉工作群、科技处官方网站等渠道及时传达各种课题申报信息，下发申报通知，引导广大教师积极参与申报。对于限额申报的湖南省教育科学规划课题、湖南省教育厅科学研究项目、湖南省职业院校教学改革研究项目等课题项目全部聘请校外评委参与课题初评与推荐，严格按照课题质量和分数排名进行申报推荐，确保课题申报质量，做到公开、公正、公平。同时对于每位专家用心填写的指导与改进意见，科技处工作人员进行汇总，及时以"点对点"形式反馈给每位申报人，督促他们进一步完善课题研究方案，很好地促进了教师课题研究能力的提升。

（二）课题过程管理与指导到位

加强课题过程管理和指导，督促按期结题。对于已经立项的课题及时通知课题主持人，加强课题过程管理，要求立项课题按期组织开题，按期完成课题计划里设置的各个阶段的课题任务，监督各个课题的实施过程，督促各

个课题组按期完成结题，为课题主持人及课题组成员提供及时和必要的指导和帮助。一要抓好课题的前期立项开题。在课题获准立项后，及时组织课题负责人及研究成员学习课题管理的有关规章制度和管理办法，使课题组人员从一开始就明白课题经费使用和课题鉴定结项等具体要求，增强他们的时间意识、成果意识、质量意识和责任意识。二要抓好课题的中期检查。科研管理部门要组织有关专家，采用书面和口头汇报相结合的方式，不定期地深入课题组，对课题的完成情况、经费使用情况、取得阶段性成果情况，以及课题研究中遇到的困难和需要帮助解决的问题等进行全面检查。对严格按照科研计划进行、效果好、成果显著的科研课题，予以奖励，并在一定范围内推广；对未按计划进行，且在研究过程中不能产出成果的科研课题，应予及时取消，或合并到相应的课题中去。

（三）规范课题经费管理，实行专款专用，确保使用效益

一是整章建制，制定相关的院纪院规，规范科研经费的管理。为合理使用科研经费，提高经费使用效率，科研处先后出台了《科研管理工作规定》《科研经费使用和管理方法暂行规定》《关于科研课题经费使用和报账的有关规定》等文件，从源头上规范、加强科研经费的管理，为相关课题的研究保驾护航。二是科研经费实行专款专用，并按相关规定给予资助。对所有课题，科技处实行专款专用，并按相关规定给予资助。在批准的资助限额内，按使用计划实报实销，但在科研项目结题前须保留足够的经费，用于科研项目的鉴定及结题等其他有关支出。三是强化落实，提高监管力度。在科研经费使用过程中，科技处强化落实，提高监管力度，对课题申报书上没有的条款一律否决，并主动接受学院财务和审计监管，严控与课题研究无关经费的使用，特别严控餐饮、办公用品等项目的使用。

（四）提升课题立项级别，提高课题研究质量

加大青年博士科研启动经费支持力度，提升青年博士教师科研能力，重点争取国家青年基金项目。发挥学校在职业教育方面的研究优势，争取立项国家社科基金项目。加强教育部、全国教育规划办、科技部、工信部等国家部委项目申报辅导工作，与湖南省科技厅、湖南省教育厅等部门继续开展联合资助项目研究，争取更多省部级科研项目。设立高级别项目和成果奖培育

基金，支持科研团队申报高级别项目。对新引进的高层次人才，实行待遇与科研业绩挂钩，促进承担国家级科研项目。

（五）加强学习培训，提升科研管理能力

科技处全体成员自发带头加强科研政策、法规、管理、信息化技术等业务知识学习，不断提高科研服务的意识和能力。校本培训和外出学习相结合，普及培训和提升培训相结合，集体辅导和个别指导相结合，有重点、分层次推进科研学习培训工作，着力解决教师"能够做"等问题。以学院"智慧校园"建设、"双高校"建设推进为契机，进一步加强科研管理手段信息化的学习与建设工作，不断提升科研服务的效率与水平。主动加强与学院领导及兄弟部门的联系沟通，以积极的有所作为争取领导重视及各方支持。主动加强与国家、省市有关科研课题主管部门以及行业企业的联系，不断提高科研课题的申报成功率。

三、改革成果转化机制，推动更多科技成果转化

湖南汽车工程职业学院高度重视科技成果转化和技术转移工作，积极树立高校"专利等科技成果只有转化才能实现创新价值，不转化是最大损失"理念，突出转化运用导向。围绕汽车产业领域，积极探索在科研项目中建立健全专利导航工作机制。将知识产权工作和科技成果转化工作关口前移至课题组，建立"课题组专员＋知识产权中心专业人员"的专门服务队伍，确保知识产权管理体现在项目的选题、立项、实施、结题和成果转移转化的各个环节。制定新的专利申请鼓励政策，不再使用财政资金资助专利申请，也不再对授权专利发明人进行奖励，而是根据转化后取得的社会、经济效益设定奖补金额。同时，修订《湖南汽车工程职业学院科技成果转化管理办法》，提高成果转化后发明人的经济收益比例。组建专门的技术转移转化机构，与第三方知识产权运营服务平台或机构合作，并从科技成果转移转化收益中给予第三方专业机构中介服务费，为学校提供知识产权、法律咨询、成果评价、项目融资等专业服务。

四、聚焦汽车前沿技术，着力重点技术联合攻关

一方面，湖南汽车工程职业学院聚焦汽车产业前沿技术，先后与长沙行深智能科技有限公司、湖南智点智能新能源汽车有限公司等签订校企合作协议。校企协同攻关关键核心技术已初见成效，第一批科研成果完成后均进行了严密的专利保护，发明专利"一种基于无人机的地面数据采集处理系统"授权后，已快速完成了校企间的专利成果转移转化，已转让给湖南创信伟立科技有限公司，由企业进行深度开发研究及生产化应用，践行了高校研发、企业实施的专利转化路径，目前进展顺利。另一方面，汽车产业链上的龙头企业、专精特新中小企业和创新型中小企业也关注湖南汽车工程职业学院的优质创新资源，积极寻求与学校的合作，深度开展校企协同创新实践，突破一大批制约产业高质量发展的关键核心技术和共性技术，强化企业需求牵引和市场化导向的知识产权布局。例如学校自主研发的无人驾驶观光车，即是应企业的技术需求而开发，在由顺德区人民政府指导、碧桂园集团主办的顺德新能源汽车小镇开园仪式上精彩亮相，受到同行的高度关注。

第四节 加强汽车专业群建设，服务汽车产业发展

湖南汽车工程职业学院作为一所地方高职学院，建院初期专业建设面临着"三无三弱"的局面：无行业背景、无专业特色、无品牌影响；专业定位模糊、专业设置分散、办学基础薄弱。2007年以来，学校紧紧抓住湖南汽车产业快速发展，汽车行业企业对高素质汽车技术技能人才需求强劲的大好机遇，全面对接和深度融入汽车产业链，按照"专业链紧密对接产业链"的原则，先后实施了"专业改造""专业提质""专业创特"三大工程，通过多次专业整合和系部调整，培育了以"新能源与智能汽车专业群"为引领、以"整车与零部件制造专业群"和"汽车营销与服务专业群"为支撑的汽车专业集群，

基本形成了"覆盖前后市场、兼顾新旧能源、涵盖智能网联、适应转型升级"的汽车特色专业体系。通过多年的专业群建设与探索，学院的教学资源配置不断优化，资源利用效益显著提高，学院办学的核心竞争力、特色品牌力、社会影响力和服务贡献力明显增强，实现了由地方综合性高职院校向主要服务汽车产业的特色高职院校的转型发展。

一、实施"三大工程"，培育汽车专业集群

（一）动态调整，做优专业结构，推进"专业改造"工程

1. 适时增减专业

近年来，湖南省整车及零部件制造业、汽车销售及售后服务行业发展势头强劲，新能源汽车产业也是新军突起，来势喜人。湖南汽车产业转型升级发展的新常态，对汽车人才的规模、结构、质量等方面提出了新要求。根据这一现实情况，湖南汽车工程职业学院经过深入调研，整合相关资源，先后新增了汽车电子技术、汽车智能技术、新能源汽车技术、汽车定损与评估等专业，更好地适应了汽车人才市场的迫切需求。同时，淘汰社会需求不足的专业，先后停办了旅游服务与管理、文秘等与学院发展功能定位和资源配置要求不相适应的专业，使专业结构更趋合理。

2. 调整专业方向

针对汽车产业发展新态势和人才市场需求新趋势，将应用电子技术、移动通信技术等专业向汽车电子技术方向调整；将市场营销、电子商务等专业向汽车商务方向调整；将数控技术、机电一体化、模具设计与制造等专业向汽车零部件制造方向调整。同时，将汽车运用技术、汽车运用与维修等专业进行整合，进一步提高了汽车专业群的集中化程度。

3. 优化资源配置

将原来分属不同系部的专业进行重新整合，在此基础上进行系部调整，集中力量加强专业群建设。比如，将原来的电子工程系调整为汽车电子系，主要对接汽车电子、新能源汽车、智能网联汽车产业；将原来的机械工程系调整为机电工程系，主要对接整车及零部件制造业，这样全院有4个系是以开办汽车专业和培养汽车人才为主。到目前为止，学院已开办汽车类专业17

个，在校学生规模达 4 500 余人，专业及学生数占全院总规模均接近 60%。

（二）实施项目驱动，做强品牌，推进"专业提质"工程

一是以省级精品专业汽车制造与装配专业为核心，以机械制造与自动化、模具设计与制造、机电一体化技术、数控技术等专业为骨干，组建"整车与零部件制造专业群"，重点对接汽车产业前市场。以湖南省汽车制造业高技能人才培养培训基地、湖南省校企合作生产性实习实训基地、株洲齿轮有限责任公司、株洲湘火炬火花塞有限责任公司校企合作基地等项目为主要平台，加强群内专业建设，力争在"对接中德工业城市联盟株洲项目的智能制造创新中心""高职院校汽车（赛车）制作创客基地""高职院校汽车装调试验平台"等方面建成一系列品牌成果。二是以省级示范性特色专业汽车技术服务与营销专业为核心，以汽车运用与维修、汽车车身维修、汽车检测与维修等专业为骨干，构建"汽车营销与服务专业群"，重点对接汽车产业后市场。以宝马汽车 BEST 项目湖南教学中心、上海通用汽车 ASEP 项目湖南教学中心、保时捷汽车 PEAP 项目湖南教学中心、上海大众 SCEP 项目基地、长安福特 STWP 项目基地和博世诊断中心等为主要平台，加强群内专业建设，在"汽车技术服务与营销专业国家教学资源库""汽车后市场配件供应链协同创业创新服务基地"等方面形成一系列品牌成果。

（三）注重高新引领，做亮特色，推进"专业创特"工程

湖南汽车工程职业学院依托"长株潭国家自主创新示范区""长株潭城市群国家新能源汽车推广应用示范区域"等平台，密切跟踪新能源汽车、智能汽车、网联汽车、汽车电子芯片等汽车高新技术发展业态，以汽车智能技术专业为核心，以汽车电子技术、智能交通技术等专业为骨干，组建"汽车智能技术专业群"，从造车、卖车到修车、改车，数个基础相通、岗位能力关联性强的专业就此联合起来，真正实现了把专业建在产业链上，以此抢占汽车专业建设和人才培养的制高点。

汽车智能技术专业群瞄准汽车产业绿色环保、节能智能领域中的产品开发、试验试制、检测调试等高新技术岗位，以培养"懂车强电"的创新型、复合型汽车高端技术技能人才为主旨，以教育部协同创新中心——湖南智能驾驶实验中心、新能源汽车与车联网技术省培项目基地、北京汽车 BSEP 项目培养培训

中心等为主要平台，加强群内专业建设，以"智能驾驶"院士专家工作站为依托，建立新能源汽车和智能网联汽车 2 个技术研究所，推进工程技术中心、产品测试中心和技术服务中心建设，力争在新能源汽车高端技术技能型人才培养、智能网联汽车技术产品开发与应用等方面形成一系列特色成果。

二、对接职业岗位，构建"平台+核心+拓展"的专业群课程体系

根据汽车产业职业岗位群对学生综合职业能力的实际需求，以培养汽车领域的各类"汽车医生"为主要目标，不断加强群内专业课程内容的更新与整合，实时引入汽车行业企业的新知识、新技术、新标准、新工艺、新成果和国际通用的技术技能人才职业资格标准，探索构建了"平台+核心+拓展"的专业群课程体系。目前，学院汽车专业群已建成"汽车文化""汽车构造""汽车维护"等群内共享的通用平台课程，强化了对各类"汽车医生"基本专业技能的培养；根据群内各专业发展定位，建设了"发动机电控系统检修""底盘电控系统检修"等一系列专业核心课程，比如汽车运用与维修专业形成了"一个经典保健、三台外科手术、五个系统诊断"的模块化核心课程集群；同时，通过与宝马、大众、北汽等品牌企业开展深度合作和订单培养，以品牌汽车企业的岗位技术为主线，开发了以"订单"为主导的专业拓展方向课程集群，可供群内各专业学生自主选择，较好地促进了学生的岗位适应性和迁移能力的提升。

三、坚持共建共享，建设"分层次、递进式、集约化"的专业群实训基地

湖南汽车工程职业学院摒弃了专业实训基地由各个系部或专业各自单独建设的做法，将有限的专业建设经费主要投向专业群共享型实训基地的建设。按照"理实一体、集约共享"的思路，建设了"分层次、递进式、集约化"的专业群实训基地。比如，在专业群基础实训基地建设方面，学院通过优化组合、高效集成等方式，建设了汽车发动机、底盘、汽车电器等"理实一体化"职业基础技能训练场所，供群内各专业共享；在专业核心模块实训室建设方面，紧密对接职业岗位群的最新需求，采取政行企校多方参与、共建共享的方式，

建设了汽车检测、汽车钣金、汽车喷涂、汽车电子产品制作等生产性实训车间，以及博世汽车诊断中心、北京汽车营销中心和宝马、上海通用、上海大众、长安福特、南车时代电气等汽车实训中心，这些基地集"产、学、鉴、研、培"等功能于一体，为专业群建设和人才培养质量的提升奠定了坚实的基础。

四、以课程群为纽带，打造"名师引领、团队合作"的专业群教师队伍

湖南汽车工程职业学院以专业群为依托，以课程群为纽带，按照"名师引领、团队合作"的原则建设专业群教师队伍。这打破了传统的按专业教研室来组织管理专业教师的做法，对群内各个专业开设的相同或相近课程进行优化组合，按照课程属性组建课程集群，并以此为基础跨系部、跨专业组建课程团队，使教师资源得到更加充分的共享与利用，节约了教学成本，提高了办学效益。同时，学院在汽车专业群实行"校、企、行三专业群带头人制"，在群内各专业实行"校、企双专业带头人制"，汽车专业群和群内各专业均有1名掌握前沿技术、关键技术、具有行业影响力的专家作为专业带头人，以此引领专业群建设。比如汽车智能技术专业群，以中国工程院院士李德毅、全国教学名师尹万建、中国中车株洲电力机车研究所有限公司首席设计专家郭淑英为核心，组建了一支高水平的专业群带头人团队，三位带头人均熟悉汽车产业发展趋势，能驾驭汽车专业群建设，具有很强的综合协调能力，在国内汽车行业及职教领域具有较高的声誉和影响力。另外，学院三个汽车专业群共聘用140多位有实践经验的行业专家、企业技术人员和社会能工巧匠担任兼职教师，一支以企业技术人员为主体、相对稳定、动态更新的专业群兼职师资队伍已基本形成。

五、基于网络平台，开发"虚实结合、多方共享"的专业群教学资源

按照群内专业群教学资源共建共享原则，依据专业教学标准和岗位标准，以湖南教育网频道共建项目和教育部信息化改革试点项目建设为依托，以"湖南汽车在线"为主要平台，广泛整合行、企、校等多方优质资源，构建了"虚

实结合、多方共享"的专业群教学资源，集学历教育、职业培训等功能模块于一体。专业群教学资源以文本、图片、动画、视频为主要形式，通过网络化运行、开放式管理、可持续更新等方式，为各类学习者提供了信息查询、资源搜集、教育教学、就业指导、员工培训等各类服务。同时，学院联合上海景格汽车科技、北京运华天地科技等公司对专业群核心课程资源建设先行先试，基于网络平台建设了"汽车维护""汽车结构与拆装"等56门网络教改课程。同时，学院联合北京汽车等汽车企业，针对具体车型车款开发了22门新车型培训课程和16门企业员工培训课程，共同开发了38门企业订单培养课程。自2014年起，学院先后联合全国40多所院校，已建成汽车营销与服务、汽车智能技术、智能控制技术三个国家级教学资源库。

六、依托职教集团，形成"多方联动、协同推进"的专业群发展机制

学院依托湖南汽车职教集团，按照"人才共育、过程共管、成果共享、责任共担"的要求，不断创新专业群校企合作共建机制，优化完善了专业共建、教师企业实践、岗位实习管理、实习责任保险等校企合作制度；通过创新共建机制，推动校企共同开发人才培养方案、课程标准，共建师资队伍、实习实训基地，共同开展应用技术研究、推广、咨询和社会培训。目前，学院汽车专业群与12家企业深度合作，90%以上的专业群核心课程实现校企共建。同时，学院通过汽车职教集团平台，以合作协议、价值合同、费用合作、运营标准等形式，建立了校企双方定期交流与决策机制、定期互访机制、专业动态调整机制、培养培训质量监控机制、实践基地管理机制，形成了面向区域汽车市场的专业群共建共管机制。另外，学院以职教集团会议、网络、论坛、调研、活动等为载体，构建了政、行、企、校多方参与的专业群对话协作平台和常态沟通机制，形成了"多方联动、协同推进"的专业群统筹发展机制，有力推动了学院汽车专业群与湖南汽车产业的深度融合和协同发展。

七、立足专业优势，积极开展多层面社会培训工作

作为株洲市农村劳动力转移就业定点培训机构，湖南汽车工程学院充分

利用自身专业优势，积极开展多层面的社会培训工作，近年来共完成汽车维修工、车工、钳工等工种的社会技能培训 12 000 多人次。湖南汽车工程学院的培训工作主要分为成人教育、技能培训、从业资格培训和继续教育、国考组考项目、对外军训项目等。技能培训项目主要是驾驶员培训、高技能培训、企业职工技能提升培训、劳动力转移培训、政策性培训等。培训对象为企业职工、社会人员和本院学生。培训专业以汽车驾驶、机械加工和汽车维修为主，培训时间从 20～80 学时不等。从业资格培训项目的对象为道路运输从业人员，培训专业以机械常识和道路交通法规为主，培训时间为 40～60 学时不等。

依托湖南汽车制造业高技能人才培养培训基地等项目，2020—2022 年为宝马中国、上海通用、北汽株洲分公司、通城实业、唐人神等企业开展员工培训 3 000 多人次。依托职业技能鉴定所，积极面向社会开展技能鉴定服务，2020—2022 年组织开展职业技能鉴定总量 7 000 多人次。开展驾驶员、道路运输从业资格培训，2022 年为株洲市道路运输从业资格驾驶员培训达 520 人，为营运驾驶员继续教育培训 436 人。开展高端定制培训业务，成功申报了 2022 年机械行业职业教育师资培训项目：无人机应用技术、多轴高速高精加工技术，申报了国家军委海军和火箭军士官生职业技能培训。发挥湖南省师资认证培训基地作用，面向全国和湖南省开展汽车维修、会计、计算机应用等专业中职师资培训，为湖南中职学校培训了 300 多名专业骨干教师。

第五节　师资队伍培养改革创新，助力社会服务能力提升

湖南汽车工程职业学院原先是一所地方性综合类职业院校，在向汽车专门特色发展的过程中，遭遇了汽车师资队伍在数量、素质和高度水平上的各种发展瓶颈与制约。

发展初期，主要面临专业教师数量缺少问题，学院大力引进机械专业和

汽车工程专业方向应届硕士研究生或优秀本科生。同时，为配合学院专业设置向汽车类专业整合调整，主动引导原先在机械、应用电子、计算机、营销、英语等专业从教的一部分中青年教师主动改变职业发展生涯轨迹，通过院内集中培训、送本科院校系统研修、参加企业挂职历练等方式转型发展成为汽车类专业教师，学院通过"引"和"转"两条路基本解决了汽车专业教师数量不足的问题。

在发展中期，学院面临双师型师资队伍素质难以提升的问题，新进教师和转型教师或是缺少系统教育理论与方法的培训，教学经验不足，或是缺乏必要的行业锻炼，实践能力不足，难以实现理实一体化教学要求。这些招聘或转型的新教师课程开发能力较弱，很难根据专业人才培养目标和要求，学习、吸收企业的新知识、新技术，并将企业岗位技能、技术融入专业教学中，难以胜任一线教学的需求，学院通过与上海通用、德国保时捷、德国宝马等企业深入开展校企合作，推荐汽车专业教师全面参与各校企合作项目，接受企业标准的选拔、培训和考核认证，通过企业历练、培训和考核，全面提升了汽车专业教师素质队伍建设水平。

在初步实现汽车专门方向办学特色后，学院又面临如何提升办学影响力、如何进一步彰显办学特色、如何从"对接产业"的专门汽车院校向"引导产业"的卓越汽车高职院校发展等问题，同时还面临汽车专业建设高度、社会技术服务、人才培养质量等诸多办学能力、层次和影响力提升的问题。为解决这些问题，学院以汽车师资队伍建设提质为目标，不断完善和发展汽车专业师资队伍建设体制机制，逐渐形成了"365"专业师资培养模式，即以汽车专业群为平台和纽带，从"职业素养""职业身份""职业成长"三个维度，通过"引"（实施"优秀人才引进计划"和"企业骨干人才柔性引进计划"）、"转"（实施"教师转型培训提质计划"）、"培"（实施"教师职业素质提升培训计划"）、"练"（岗位实践实施"专任教师双师素质提升计划"）、"赛"（实施"教师教育教学能力提升计划"）、"研"（实施"教师服务社会激励计划"）六条途径，全面提升教师整体素质；通过完善引导机制、建立共培机制、引进竞争机制、优化评价机制、健全奖惩机制五个机制，强化教师管理机制建设。

一、狠抓"领军工程"，引入汽车专业建设关键领军人物

首先是"引"，学院高度重视汽车相关专业领军人才引进，实施"优秀人才引进计划"和"企业骨干人才柔性引进计划"。2013 年 12 月，学院借助"株洲市万名人才计划"政策优势，争取到株洲市委、市政府的支持，成功引进国家教学名师、二级教授、博士研究生尹万建教授。引进尹万建教授后，其汽车专业教育领域领军人物的引领作用立竿见影，2014 年 6 月以主持人身份领衔申报立项了湖南省职业教育汽车专业群项目，7 月被评定为株洲市核心专家。2017 年，主持建设教育部备选项目新能源汽车技术专业教学资源库、汽车电子技术和汽车运用与维修国家示范专业点、湖南省新能源汽车技术国际化标准。2018 年，主持建设教育部备选项目汽车智能技术专业教学资源库。2022 年 7 月，尹万建教授担任湖南汽车工程职业学院院长。

同时，学院近年来引进博士 20 余人，培养青年骨干教师 100 多人。学校不断加大投入提高科技创新领军人才福利待遇，努力为科技创新领军人才创设和谐、舒心的工作和生活环境。学院同时通过送培青年教师参加博士研究生深造、博士后研究工作站研究、国内访问学者学习、三年期骨干教师培育等形式培养青年骨干教师 100 余名。着力推进领军人才、学术骨干、青年后备三个层次的人才队伍建设，为分级分类开展高水平科研创新团队建设提供人才支撑。

此外，按照"不为所有，但为所用"的思路，通过"柔性引才"，聘请优秀行业专家或技术骨干参与学院专业建设和专业教学，打造"双师结构"教学团队。学院聘请了全国著名专家、中国汽车工程学会专家朱军教授，中国职业技术教育学会首届中国职业院校教学名师、湖南省车削加工专业委员会委员兼秘书长、株洲市职业技能鉴定专家张璐青教授，汽车营销领域知名专家裴文才教授以及全国知名汽车电子专家袁翔教授等，担任学院名誉院长、汽车专业客座教授和首席专家，指导学院人才培养、专业建设，建立起了一个长期在校工作的高水平兼职专家教授库。

二、夯实"转型工程"，助力汽车师资队伍专业结构调整

在由地方综合性高职院校向主要服务汽车产业的专门高职院校转型发展过程中，为应对汽车专业教师紧缺与其他专业课老师相对富余的状况，同时也为应对汽车技术由机电为主向电子化、智能化、新能源等发展的方向，学院积极推动教师队伍专业结构调整优化，通过实施"转型工程"，引导其他专业教师向汽车方向转型。通过内部集训、企业送培等方式，推动部分教师专业"就近转型"。从2012年至今，学院利用寒暑假举办强化转型培训班，聘请校内和企业专家担任讲师，培训期间实施封闭式管理，学院依据转型培训教师培训绩效、专业基础能力和特长水平，为转型教师制定专业发展方向，按技术类和非技术类为每名转型教师确定职业发展方向和路径。

为提升转型教师理论功底水平，学院启动"转型教师高校脱产培训计划"，与天津职业技术师范大学等院校签订协议，对已转型教师分期分批脱产进行系统的汽车专业理论与实践的培训，2015—2016年连续两年，先后派遣14名转型教师赴天津职业技术师范大学参加为期4个月的转型教师汽车专业基础理论脱产学习培训，培训课程分成了三个技术方向：汽车电子、汽车维修和汽车服务。学习团队通过与天津职业技术师范大学沟通协调，选择了汽车构造、发动机原理、汽车新能源技术、汽车车身电控技术、发动机电控技术等课程进行学习，并将重点放在汽车新能源技术课程上。

为提升转型教师实践技能水平，部分成绩优秀的转型教师在完成了院内培训和院外理论送培的基础上，还要被分派到学院校企合作项目各汽车经销企业从事3～6个月的企业挂职历练，再加入各校企合作项目团队，接受团队资深教师1～2年的指导，同时在校企合作项目中继续提高专业理论和实践教学能力。

三、健全"培养工程"，提升汽车师资队伍整体建设质量

（一）完善师资队伍素质提升体制机制

学院不断完善师资队伍建设体制机制，鼓励优秀人才脱颖而出。实施"名

师培育工程"，建立健全《名师工程建设实施方案》《教学名师奖评选办法》《十佳教师评选方案》《名师工作室建设实施方案》等系列文件，深入开展十佳教师评选、名师工作室认定等工作，鼓励教师专业成长和共同成长。完善《专业带头人选拔与管理办法》，实行专业带头人资格认定制度、聘任制度、培训制度、动态管理与聘期考核制度，设立专业带头人专项津贴，不断激发教师自我培训、自我提高的积极性。充分发挥教学名师的示范带动作用，加大骨干教师和教学团队建设力度，遴选带头人能力强、结构优化、整体素质高、教学成绩显著、教研成果丰富的教学团队，给予专项培养经费资助。

（二）分层实施师资队伍素质提升工程

主要通过内外结合方式，有重点、分层次开展教师培训。一是实施"名师培养工程"。学院出台了《名师工程建设实施方案》《教学名师奖评选办法》等系列文件，开展十佳教师评选、名师工作室认定等工作，助力名师培养。二是实施"骨干教师培训工程"。在实行专业带头人和骨干教师津贴制度的同时，以项目的方式对专业带头人和青年骨干教师进行遴选、培养、管理和考核，并在申报职称、晋升职务、评先评优、进修培训、承担科研课题等方面都予以优先考虑。2020 年—2022 年，学院先后选派专业带头人、骨干教师80 余人次到国内高校、企事业单位等进行教学理念、职业素养、专业技能的培训。

（三）拓展师资队伍素质提升方式方法

1. 深入开展教师企业培训和国内进修培训

开展教师职业教育素质和高级项目培训；完善《教职工进修培训管理规定》，着力实施"企业岗位实践行动"，确保各汽车专业群每年有 30% 以上的教师到企业岗位实践，以分期分批方式，积极利用 7 大整车校企合作项目、湖南汽车职教集团的资源优势，每年分期分批轮流派出一定数量的教师到上海通用、宝马、保时捷等知名企业进行专题培训，到北汽株洲分公司、湖南中车时代电动汽车股份有限公司等本土企业进行现场锻炼。2019—2022 年，参加上海通用汽车 ASEP 项目、宝马集团 BEST 项目、保时捷汽车 PEAP 项目等业务进修培训的教师达 458 人次。学院每年推荐 6 名左右优秀青年教师参加国内外访问学者、省级青年骨干教师、省级学科带头人等项目的遴选培养，派遣教师参加"全国高职高专教育师资培训基地"培训。

2. 积极开拓教师国际交流培训

当代高职院校教师须具备中国情怀与世界眼光，既能从中国的角度认识世界，更能从世界的角度理解中国。丰富多样的国际化培训，不仅能够了解外方高校的教育理念和教学手段，还能带来学术研究进展与发展动态的最新资讯。2015—2019年，湖南汽车工程职业学院每年分期分批选送了200多人次赴德国、新加坡培训研修。受到疫情影响，2020—2022年停止派遣教师奔赴境外学习。2023年恢复国际交流培训和学习，选派130余名教师赴德国、新加坡、菲律宾学习。境外培训项目的实施让教师们"走出去"，不断拓宽国际化办学视野，提高国际交流与合作能力，推进教学改革及教育国际化进程。

（四）坚持"历练工程"，提升汽车专业师资队伍实践能力水平

通过企业历练，强化教师双师素质和社会服务能力。一是实施"企业岗位实践工程"。制定操作性强的管理规定和计划，各系部每年安排三分之一以上专业教师利用寒暑假到株洲齿轮有限责任公司、北京汽车股份有限公司株洲分公司、中车时代电动汽车股份有限公司以及各汽车4S店等合作企业进行现场专业实践，实现了专业教师每三年到企业轮训一次的目标。二是实施"校企共建工程"。一方面，通过学院与企业共建的6个校内生产性实训基地，鼓励教师参与其产品研发和生产管理，每年接受参与研发和生产的教师达40余人。另一方面，参加企业专业岗位资质认证培训，培养校企双方任职的"双师型"教师。邀请新能源汽车企业专家、培训评价组织开展"1+X"师资技能培训，对职业能力评价标准的整体技术框架、知识技能标准、设备选购标准进行深入解读，提高一线教师专业实践能力。分批次安排专业教师到学校校办企业、合作企业进行现场实践，强化专业技能，了解企业文化，为技能型人才培养奠定基础。同时鼓励专业教师到国家招募的合作单位中开展脱产学习与实践，举办"1+X"相关技能竞赛，推动教师能力提升，促进"1+X"证书的落地实施。如有8名教师赴西门子柏林学院学习并取得了培训师证书，有10名教师在中兴通讯学院培训合格取得培训师证书。同时，充分利用与国

内外高端汽车品牌合作的有利条件，校企双方共同选拔高级专业培训师的培养人选，按照宝马、保时捷等高端品牌企业严格的培训计划、培训要求、培训内容和考核认证标准，定期安排专业教师进行培训学习和考核认证。目前，学院已培养出了李治国、周定武、冯睿等30余名优秀国内高级培训师。他们既是学院教学骨干，也是宝马、保时捷、大众、苹果等企业人才培训中心的兼职培训师。三是实施"社会服务工程"。学院采取与行业、企业和其他社会组织联合培养的方式，提高教师新技术吸收能力和教育教学改革的能力，强化专业教师的社会服务能力建设。大多数专业教师已在外承接项目，苏厂元教授工作室承接省市重大活动艺术设计项目；李永红E龙数码工作室、汽车类的专业教学团队等承接多项社会服务项目，通过项目历练，大大提高了专业教师的专业操作能力和动手能力。

（五）深化"赛训工程"，锤炼汽车专业师资队伍卓越专业技能

一是以二级学院为主体，联合行业企业，定期开展教师专业技能比武竞赛活动，实现教师专业教学竞赛和技能比武常规化。如机电工程学院举办"九方装备杯"技能文化节，该二级学院组织了97人次教师与九方装备公司的22名职工、30人次参加了数控铣仿真、车床操作、钳工操作等5个项目的技能竞赛。竞赛组织环节、比赛内容及评分标准对接全国职业院校技能大赛，旨在进一步深化教育教学改革，展示职业教育改革发展成果，促进职业院校与行业企业深度融合。企业职工与教师同台竞技，为专业教师提供了极好的学习机会，企业职工精湛的技艺和严谨认真的工作作风给师生们留下了深刻印象。教师们把握时机，赛后在现场为学生作对比讲解，让学生们看到了自己的差距，更理解了企业对专业的要求。车辆工程学院举办了"西迪欣杯"汽车商务系教师汽车营销技能大赛，选取汽车营销与服务专业岗位工作中"汽车销售"与"服务接待"两个核心模块为基本内容，以汽车营销与服务专业技能抽考题库为竞赛题目，以现场实操的形式进行考查。主要展示教师的汽车销售沟通技巧、客户需求分析能力和销售方案制定能力以及汽车服务接待的能力，展示汽车营销与服务专业教师的综合技能水平。

二是以学院为主体，开展学院汽车专业教师大比武活动。自2014年以来，

连续十年坚持开展"百名教师汽车技能大赛"活动，形成了"比学赶帮、崇尚技能"的良好氛围，提高教师的教学能力和专业能力。

三是强化教师对省级以上学生职业技能竞赛的指导。教师业务能力和指导水平是决定学生职业技能竞赛水平和成绩的关键因素，汽车专业技能竞赛最能体现"双师型"教师的专业水平，学生通过"双师型"教师的指导和训练，完成比赛课目所要求的整个工作流程，指导教师为提高指导水平，必须深入企业，钻研学习新知识、新技术，实现关键专业技术能力的突破。

（六）促进"课证融通"，提升教师教学能力

1. 多方协同开发教学资源，提高教师教学资源开发能力

（1）多方协同开发"1+X"证书配套课程，切实实现书证融通

教育行政机构需要进一步明确"1+X"实施思路，加强"1+X"制度顶层设计，出台"1+X"落地政策，制定详细的实施指导方案，提供经费保障。学校应联合行业、企业组织专任教师针对职业技能等级考核标准和专业特点制定专业课程标准，开发"1+X"证书配套教学资源，包括项目化活页式教材、微课视频、实操视频、原理动画、学生手册、实训工单、考核题库、评分标准等，搭建信息化教学课程，切实实现书证融通，减少重复性工作。

（2）解构工作任务，将技能要求融入学习任务，开发教学资源

对接新能源汽车产业链上的典型企业，确定工作领域，解构"X"证书模块的工作任务所应具备的职业技能，重构完成工作任务所需要的技能要求和知识要求，绘制"知识和技能导图"，开发多种类型的教学资源[6]。如新能源汽车电子电气空调舒适技术（中级）证书共有新能源汽车工作安全与作业准备、新能源汽车电子电气系统检测维修、新能源汽车空调系统检测维修、新能源汽车舒适系统检测维修4个工作任务，分解为31个职业技能、151个技能要求、151个知识要求。针对每个工作任务模块，解析工作任务、归纳整合学习任务，将技能要求融入教学过程，开发活页式"1+X"培训教材；依托现有设备、人员，拍摄相关实操视频与微课视频；借助职业教育资源库平台，搭建"1+X"书证融通系列课程；持续更新教学资源，申报校级、省级精品课程，在申报精品课程的过程中提升教师的课程设计能力、课程资源开发能力。（如图5-1）

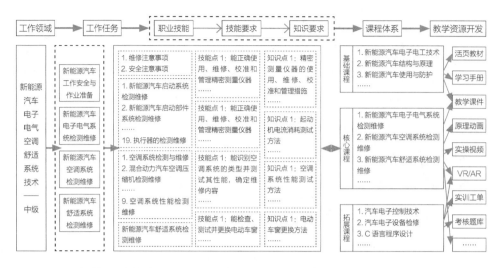

图 5-1 新能源汽车电子电气空调舒适系统技术（中级）教学资源开发示例图

（3）课程内容覆盖证书模块工作领域，多样化资源提升学生学习积极性

按照"工作任务"的独立性、学习任务的关联性、学生学习的渐进性、教学的规律性和教学资源共享和优化的原则对所有的学习任务对应的课程模块进行类化，开发多样化教学资源。在横向上，智能新能源汽车相关专业的不同课程内容需要尽可能覆盖相关"1+X"证书模块所涉及的领域，同时课程之间需要尽量避免内容的重复，对于难以避免的交叉内容需要针对不同课程的教学目标进行差异化设计；在纵向上，同一内容需要采取文本、动画、视频等多种类型的资源进行展示，以应对课程教学和学生自学的需要，同时丰富的资源类型也有利于提升学生的学习兴趣和专注力。

2. 优化教学手段、改革教学方法、融合课程评价与证书考核，提升教师教学组织和评价能力

（1）优化教学手段，强化教育的有效性和针对性

高职院校的师资队伍要能够凭借其创新能力和教育力量，不断探索新的教学方法和教学手段，学习信息技术方面的知识和技能，不断改革创新相应的教学手段和教学方法。积极引进先进教育理念，拓展教育工作的覆盖面，强化教育的有效性和教育的针对性，在教学课堂中构建灵活的知识传输渠道和实践操作平台，丰富教学形式，为学生提供充足的成长空间。将汽车职业

精神、工匠精神的培养融入教学过程，关注学生行为的改变和学习习惯的形成，以培养学生的汽车职业素养。

（2）改革教学方法，发挥教师引导作用

对应智能新能源汽车工作领域和工作任务，根据"X"证书技能考核内容设置合理的实践项目，按照 PDCA（Plan-Do-Check-Action）的步骤开展以工作过程为导向的任务驱动式教学，优化教学过程。学生学习目标明确，任务实施计划可行，实施中学生为主体，老师加以适当的引导，教、学、做合一，使学生的职业能力培养质量得到保证，教学效果提高。

（3）课程评价与证书考核相融合，提升教师教学考核评价能力

将与智能新能源汽车职业技能等级证书相关的 13 个证书相对应的技能要求、知识要求纳入考核体系，侧重对学生动手能力的考核。对于与职业技能证书模块相对应的课程模块探索采用"课证融通"分级考核方式，将职业技能等级考核标准作为相对应的课程考核标准，课程考核合格的学生可以获得课程对应的学分，也可以由 X 证书评价组织认定为相应模块的内容合格。

（七）推进"研发工程"，提升教师科学研究能力

1. 形成汽车科研聚焦效应

学院坚持瞄准汽车产业发展、汽车企业管理、汽车职业教育中的热点、难点及盲点问题，积极储备和拓展项目资源，组织动员教师形成各类各级课题的申报建设团队，形成比较固定的研究方向和研究团队。紧跟新能源汽车、智能汽车、车联网、汽车精密制造等汽车产业最新业态，抢占汽车技术技能人才培养制高点，打造"三个高地"：汽车产业高端技术技能人才培养高地，汽车产业新产品开发、新技术研发高地，汽车产业国际标准应用和新业态孵化高地。学院紧密对接汽车产业，形成了宝马、保时捷等 7 大校企合作平台，科研活动逐渐聚焦汽车主题特色，已形成汽车产业、汽车专业中高职衔接、汽车人才培养、汽车产业绿色制造等汽车相关特色方向，形成了汽车相关科研活动系列化发展态势，汽车特色科研局面初步显现，汽车科研的聚集效应和辐射效应正在形成。

2. 健全激励机制，提升教师社会服务动力

湖南汽车工程职业学院建立了以业绩贡献和能力水平为导向、以目标管理和目标考核为重点的绩效工资动态调整机制，建立了绩效沟通、监督、考

核反馈机制，实现多劳多得、优绩优酬的分配制度。同时优化科研业绩评价体系，推进科研资源与管理重心下移，将教师社会服务能力作为评聘和晋升的重要依据，激发教师进行社会服务的潜力和动力。坚持科研分类分级评价，对不同项目、不同成果确立不同评价标准；坚持开放多元及长期效果评价，注重发挥同行专家评议和第三方评价作用，正确处理经济效益与社会效益、近期利益与长远利益、教学与科研的关系；创新科研成果评价机制，探索实施个人代表作、学科标志性成果和精品力作评价制度。

3. 拓展培训覆盖面，提升教师社会服务能力

实施"项目服务历练行动"，每年安排 10 名左右教师参与产品研发和生产管理；鼓励教师积极开展社会服务、承接业务项目、从事企业兼职等；发挥名师工作室在专业群建设中的引领作用，通过项目历练，提高专业教师的社会服务能力。鼓励教师申报校企横向课题。先后为北京汽车 BJ40、D50、D60、E 系列制订了机电维修、服务营销、制造装配 3 个项目的 15 门订单课程，该系列课程成为北汽公司售后服务体系全国培训教程，为北京汽车轮训全国经销员工开展了 23 期北汽新车型技术培训、中级工技能鉴定培训等，累计达 2487 人。

4. 坚持领军人才示范引领，发挥团队育才作用

湖南汽车工程职业学院充分发挥科技创新领军人才的示范带动作用，依托汽车运用与维修、汽车智能技术优势专业群，以协同创新中心提档升级为契机，建设重点实验室、工程技术中心、创新创业孵化基地，积极培育高质量科研创新成果，打造集人才培养、团队建设、技术服务于一体的创新平台。整合优化科研资源、创新管理机制，建设了多支专业化、多层次的教师队伍，以科研团队成长带动教师成长，以教师个人成长推动科研团队发展。2018—2022 年，学院的科研课题工作不仅实现了量的增加，而且实现了质的突破，共立项省级以上各类科研课题 261 项，涵盖国家级职业教育教师教学创新团队课题、湖南省自科基金、省社科基金、省教育科学规划课题、省社科成果评审委员会课题、省教育厅科学研究项目、省教育厅教学改革研究项目等多个类别课题项目，实现了由点到面、由非资助项目到资助项目、由省级到国家级项目的提升。其中 2020 年尹万建教授主持申报的国家级职教团队课题研究项目专业领域主课题"新时代高等职业院校汽车运用与维修专业领域团队

教师教育教学改革创新与实践"，沈言锦教授主持申报的国家级职教团队课题研究项目公共领域课题"人工智能和信息技术引领的职业院校教学改革融合研究与实践"均获得教育部课题立项。先后成立立方新能源汽车技术协同创新中心等10个省部级科创平台，授权专利682项，其中授权发明专利100项，完成100余项专利转化，授权和转化数量在湖南省职业院校中居第一。

（八）加强学风建设，提升教师科研诚信意识

在认真调研的基础上，湖南汽车工程职业学院制定《湖南汽车工程职业学院学风建设实施细则》《湖南汽车工程职业学院学术规范及学术不端行为处理办法》等学术不端行为查处规则和处理办法，并在学校网站公开。成立了学风建设领导小组，进行了周密细致的工作部署。加强对学报编辑、职称评定、项目申报、专利申请中的学术不端行为的监督、调查和处理力度，收到学术不端行为投诉。学院进一步健全学风建设工作机制，编制修订了课题管理、专利申报、学报管理、科研考核等学风建设制度，构建了较为完善的学风建设制度体系。学校各职能部门、各学院积极行动，认真落实工作，结合各自工作实际，进行深入动员。经过全校上下的共同努力，学校学风建设工作取得了明显的成效。总体看来，学院学风建设工作进展顺利，阶段性成果比较突出，全校师生员工对学风建设工作的认识进一步加强和重视程度进一步提高。

1. 加强组织领导，健全学风建设工作体系

为了加强学风建设，规范学术行为，维护求真务实的学术氛围，促进学术研究的健康发展，湖南汽车工程职业学院成立了学风建设办公室，其主要职责是：领导、监督、督查学院学风建设工作，制定学院学风建设的规章制度，建立学院学术不端行为的查处机制。领导小组履行学风建设和学术不端行为的查处职能，接受对学术不端行为的举报并进行协调和调查处理。引导广大教师树立严谨的学术态度，营造良好的学术氛围。

2. 制度保障保证工作成效

学风建设是一个系统工程，涉及学校工作的各方面，良好的学风需要长期的治理才能形成，它需要在科研、教学和管理等各个环节上建章立制。为规范教学行为，促进优良学风的形成，湖南汽车工程职业学院出台了《湖南汽车工程职业学院学风建设实施细则》《湖南汽车工程职业学院学术规范及

学术不端行为处理办法》《湖南汽车工程职业学院关于加强学术道德建设暂行规定》等一系列规章制度，对学术不端行为进行了明确界定，设立监督管理学风行为的职能机构，并明确其职责和权力，规范了对学术不端行为的监督、举报、审查、处理程序，并对多项规定进行了具体细化，制定了详细的实施方案。为加强内部规范化管理，为保证各项科研工作的公开、公平、公正、合理，该院充分发挥校内外专家的作用，让他们参与各类课题的评审、立项、中期检查、结题检查，以及院内的成果认定、鉴定，职称评定，岗位聘任，评优晋升，学术不端行为处理等工作。立项时采取匿名评审与合理规避相结合，中期检查采取定期检查，以经费和科研成果为重点监管，注意点面结合，加强课题的全过程监督。

3. 营造浓郁的学术氛围

优良的学术环境是推动大学学术活动产生的重要条件，学术风气的质量制约着大学学术活动的品质。营造良好的学术环境的根本目的是培育一个民主自由、宽松开放、公平诚信，学术主体与学术环境之间、学术主体之间和谐相处的系统，从而形成一种严谨治学的学术氛围。每年对教师进行科研诚信教育，并且教育引导教师热爱科学、追求真理，树立高尚情操，坚决抵制投机取巧、粗制滥造、盲目追求数量忽视质量等浮躁风气和不端行为，把优良学风内化为自觉行动。教师要以身作则，用严谨治学的精神和认真负责的作风感染教化学生，成为言传身教的榜样和教书育人的楷模。

定时开展科研交流会议，通过交流研讨，使大家更加明确作为一名科研管理工作者，有责任和义务加强宣传力度，使高校科研教师明确科研工作者的职责和使命。科研工作者在科技活动中应弘扬以追求真理、实事求是、崇尚创新、开放协作为核心的科学精神，遵守相关法律法规，恪守科学道德准则。坚持科研诚信，每一位老师都必须以身作则，从自己做起，决不能有丝毫懈怠，丝毫侥幸。每一位科研人员要提高认识，严格自律，坚持学术规范，加强科研诚信。

4. 完善学术评价，保证导向到位，建立科学合理的科研评价体系

一是大力推进学术文化建设。学校大力营造潜心研究、宽松和谐、鼓励创新、宽容失败的学术文化，整治学术不正之风，最大限度激励教师执着追

求真理，克服学术浮躁。任课教师加强自身教学能力的培养，致力提高教学质量，因材施教，在进行专业知识授课的同时，助力学术道德、生涯规划、心理健康等内涵建设；对经常不到课的同学以一对一谈心的方式进行有效沟通，以育人为本，狠抓学风。

二是实施科研分类评价与考核制度。按照注重质量导向、体现学科差异的原则，对各个学科制定相应的评价体系和评价标准。健全以创新质量和解决国家重大需求实效为导向的考核评价机制，改变单纯以论文、获奖为主的评价方式。加强教学督导，对在教学科研中严重失职造成不良影响的、剽窃他人学术成果的、有失教师身份并在学生中产生不良影响和后果的，给予必要的行政处分，并不得晋升高一级职称岗位和提高评聘等级。根据学院实际情况对原来的科研工作量化考核办法进行修订，实行新的科研工作量化管理办法。

三是改革教师专业技术职务评聘制度。全面考察师德、教风、创新和贡献，防止片面地将学术成果、学术奖励和物质报酬、职务晋升挂钩的倾向。

从"头雁"领航到"群英"展翅

2022 年秋季开学，17 位教授、博士及全国技术能手新加入学校师资队伍，享受国务院政 3 项特殊津贴的全国技术能手周璨、刘明是其中的典型代表，还有 4 位教授（博士）牵头组建了学院教师创新团队。

"头雁"工程锻造队伍

学校计划耗资千万元，用 3 年时间，培养 30 支由高层次人才领衔、10 位一线老师参与的团队，共同完成教学、科研创新任务。同时又组建"双师工作室"，加大优秀教师队伍赴高校、企业培养力度，创立校级工程研究中心，赋予专业群更多用人自主权、教研科研更多经费支配权……通过双师工作室实施青蓝工程、师徒制，为青年教师做好职业规划：首年，师助徒申请一门校级课题，提升教学水平。第二年，师徒共建一门课程。第三年，徒弟便可独自高飞，申报省级精品课、参加省级教师教学能力比赛。

让"群英"飞起来

近3年，学校培育全国技术能手5人、湖南省技术能手20人、湖南省五一劳动奖章获得者5人；参加湖南省教师教学能力大赛获奖35项；学校入选国家级、省级职业教育教师教学创新团队各2个，国家级"双师型"教师培养培训基地2个。目前学院多项科技成果取得突破性进展，先后成立立方新能源汽车技术协同创新中心等10个省部级科创平台，立项省部级以上各类科研课题261项，其中国家级课题9项；授权专利682项，其中授权发明专利100项，完成100余项专利转化，授权和转化数量在湖南省职业院校中居第一。科技服务效益明显，近五年承担横向技术服务与培训303项，成为推动地方经济发展的现实生产力。

湖南汽车工程职业学院教师获评株洲市青年科技之星、科技导师

2023年5月31日，"科创制造名城 星耀幸福株洲"青年科技之星荣耀典礼在株洲市委礼堂举行。湖南汽车工程职业学院科技处处长沈言锦作为全市科技导师代表在"制造名城传帮带"环节发言，该院车辆工程学院青年教师吴芳榕作为青年科技之星参加第一轮"株洲科技之星奖"颁奖仪式。

本次评选颁奖活动由株洲各县（市、区）、相关市直部门推荐，经专家复核、会议审定和公示等程序，在全市范围内共评选出30名"2022年株洲市青年科技之星"，湖南汽车工程职业学院是全市三所获评"青年科技之星"荣誉的院校之一。

近年来，学院高度重视青年教师的成长成才，通过机制励才、团队育才、科研兴才等方式，不断完善师资队伍建设体制机制，发挥教学名师的示范带动作用，加大骨干青年教师和教学团队建设力度，并在人才工程项目、科研项目、团队平台等申报项目上，为青年教师积极搭建事业发展平台和才华施展空间。吴芳榕就是该院培养、迅速成长的一线青年教师。吴芳榕老师一直致力于自然科学的探索，已立项多个省市级课题，因工作能力突出，被株洲市科技局借调参与株洲市科学技术工作。

第六节 线上线下科普，拓宽社会服务能力渠道

　　高职院校在推动社会文化创新方面的作用是有目共睹的，而在科技与文化的传承和传播方面，高职院校更有着不可替代的作用，这也是高职院校的新使命。科技创新、科学普及是实现创新发展的两翼，要把科学普及放在与科技创新同等重要的位置。加强科普教育，是提升公民科学素质的重要基础。

　　湖南汽车工程职业学院汽车科普教育基地（以下简称基地）是目前国内高校中最大的以汽车为主题的科普教育基地，是全国科普教育基地、湖南省社会科学普及基地。基地自 2015 年对外开放至今，深入贯彻落实习近平总书记关于提升公民科学素质、加强科学普及工作的重要指示要求和来湘考察重要讲话精神，对接《智能汽车创新发展战略》《2021—2035 新能源汽车产业发展规划》《交通强国建设纲要》等国家汽车发展重要规划，清晰展示国内外汽车历史、结构、功能、服务和格局的演变过程，积极传播从"中国制造"到"中国创造""中国智造"的汽车文化自信，融科普教育、教学、科研、人才培养于一体。

一、湖南汽车工程职业学院汽车科普基地特点

（一）基地规模大

　　该基地是目前国内高校中最大的以汽车为主题的科普教育基地。由 1 个汽车文化馆、1 个汽车数字博物馆、12 个汽车校企合作品牌区和 3 个国家教学资源平台组成，占地面积 10 000 平方米。其中，汽车文化馆由汽车奥秘探索区、汽车职业与岗位体验区、汽车讲堂、汽车科技体验区、汽车工坊等组成。汽车校企合作品牌区由特斯拉、宝马、保时捷、上汽大众、上汽通用、沃尔沃、比亚迪、长安福特、北京汽车、广汽本田、中车电动、陕汽重卡等国内外 12 个汽车品牌企业合作共建。国家教学资源平台由汽车智能技术、汽车营销与服务、智能控制技术三个国家教学资源库组成。依托基地科普资源，社会公众可以乘坐无人驾驶车，享受中国智造的新奇炫酷；操控工业机器人，

感受智能制造的领跑魅力；观摩北斗车网联，揭秘汽车之间的对话……该基地实现科普互动与科技创新融合、科普教育与文化传承融合、科普实践与汽车产业融合。

（二）设施设备全

基地拥有汽车与人体 CT 扫描系统、汽车吊装展示系统、汽车为什么会跑系统等多种电教设备资源，并根据最新科研成果、汽车科技前沿发展定期更新扩展科普内容。出版了国家优秀教材《汽车电器设备原理与检修》等 45 本汽车类教材资源。制作了汽车科普百科、汽车世界、未来汽车、汽车百年等 1 524 个图片、12 785 个视频、38 门课程等线上资源。积累了汽车类技术攻关 45 项、技术服务 110 项、省部级以上项目 55 项、授权专利 306 项（其中发明专利 16 项）等科研资源。

（三）经费保障足

为确保基地科普工作科学有序开展，湖南汽车工程职业学院先后投入 5 500 万进行基地建设，每年安排 20 万元专项经费，支持开展相关活动。基地设有专门的管理部门和规范的管理制度。拥有参与科普工作科研人员 18 人，固定大学生志愿者 50 人。每年定期开展专（兼）职科普人员业务交流培训 3 ～ 5 次。

二、基地近年开展科普活动主要特色

基地面向职业院校师生、中小学生、社会公众和汽车爱好者四类群体，形成了"上半年有汽车科普节、下半年有汽车科普活动月、周周都有汽车科普活动日"良好局面。通过开放管理和预约管理相结合、请进来和走出去相结合、线下活动和线上科普相结合、实践体验和虚拟仿真相结合等模式，先后开发了 20 余个科普主题；通过走进校园、走进社区、走进园区，开展各类科普活动近 500 场次，惠及群体近 10 万人，帮助社会公众全面了解汽车科技知识、培养汽车工匠精神，进一步养成科学和工程思维，提升汽车科学素养。

（一）开展研学科普

借助学校"云上湖汽"智慧平台，结合校园汽车文化馆和汽车数字博物馆，依托汽车专业师资团队，切实做好汽车技术创新与文化传承"第二课堂"，多次为中小学开展汽车科普文化体验教学，普及汽车科技的百年创新，传递汽车发展的百年文化。先后举办"智能寻迹小车制作""飞思卡尔小车制作""RFID技术"等52期创客创意活动，为酷爱科技、热衷实践的青少年提供工具、材料，动手施展创意制作汽车发动机简易活塞模型、智能寻迹小车、现场组装卡丁小车提供机会，激发汽车科技创新。吸引了株洲市荷塘小学、601中英文小学、长沙市麓山国际实验小学等20余所中小学10 000余名学生参加。同时结合无人驾驶汽车工作原理，展示人工智能在汽车上的最新应用成果，组织各类试乘体验科普活动。

2022年7月，基地与中共湖南省委教育工作委员会、湖南省教育厅机关妇女工作委员会联合举办"穿越汽车百年，传承城市文明"亲子教育实践活动。活动期间，在科普解说员的带领下，参观者们分成两组开启了精彩纷呈的汽车品牌文化与科技探秘之旅。在汽车文化馆，小朋友们兴致勃勃地参观了汽车探秘、人车生活、未来汽车等六大展馆，一起溯源了汽车文化历史、了解了汽车组织结构、体验了汽车虚拟驾驶、操作了VR教学一体机，并通过互动游戏、有奖竞猜等活动，深刻感受了中国汽车工业从"零"起步到成为"世界汽车大国"的百年奋斗史。见图5-2。

图5-2　"穿越汽车百年，传承城市文明"亲子教育实践活动

2022年9月21日，为积极响应2022年"喜迎二十大，科普向未来"全国科普日活动，汽车科普教育基地开展的"探秘汽车、传承创新"汽车科普活动走进株洲601中英文小学。在该校351班的课堂上，我院汽车科普教育基地教师带领8名大学生兼职科普人员向学生普及汽车历史知识，并通过丰富多彩的汽车安全知识抢答，帮助学生了解汽车安全知识，提高他们的日常交通安全意识与危险状态下的应变能力。孩子们积极思考，踊跃举手回答问题，

欢笑声充满了课堂。随后，在车模拼装比赛中，学生 3 ~ 4 人为一组，基地成员指导各组进行图纸研读、零件认知，并手工完成小型模型拼装、调试与展示，帮助学生培养动手操作能力、解决问题能力和创新能力。最后，获得"汽车知识小达人""汽车拼装小达人"的学生还获得了奖状和奖品。

图 5-3 "探秘汽车、传承创新"汽车科普活动走进株洲 601 中英文小学

2023 年 4 月，株洲日报社校园记者俱乐部携手湖南汽车工程职业学院，组织九方小学、红旗路小学的 120 名校园记者，开展了一场别开生面的集军事训练与汽车科普于一体的社会实践活动。在讲解员老师的带领下，校园记者们一路走过宝马、北京汽车、上海大众、上汽通用、沃尔沃、中车电动等品牌实训基地。在汽车文化馆，校园记者们兴致勃勃地参观了汽车探秘、人车生活、未来汽车等展馆，共同溯源汽车文化历史、了解了汽车结构，并通过互动游戏、有奖竞猜等活动，深刻感受中国汽车工业从"零"起步到成为"世界汽车大国"的百年奋斗史。

图 5-4 校园记者走进汽车科普基地活动现场

（二）开展体验科普

湖南汽车工程职业学院汽车科普基地实行"预约免费开放"制，每年3～6月、9～12月每周六、周日面向社会公众提供参观体验等汽车科普服务。汽车文化馆设有汽车溯源、汽车探秘、人车生活、未来汽车、汽车工坊和汽车讲堂6个板块，供社区居民参观和体验。近年来共举办了"饶斌 ——中国汽车工业之父""'中圆牌'的前世缘'""穿越红色经典 ——红旗故事"等48期"汽车大讲堂"。每年基地还会举行"红扳手·汽车便民义诊"科普活动，为校内外的车主们提供基本的常规检查和简单的维修，包括机油、制动液、冷却液等液位检查，以及气门清洗，机油检查与更换，蓄电池、制动片更换，轮胎检测等项目服务，还将积极发挥汽车专业所长，让汽车便民义诊活动深入社区、服务社会，为更多人的安全出行保驾护航。近年来，基地通过汽车奥秘探索区、汽车职业与岗位体验区、汽车讲堂、汽车科技体验区、汽车工坊等科普载体，走进湖南、广东、天津等多个省市进行科普宣传，面向2万余名社会公众提供科普服务近10万多人次。

图5-5　社会公众参加汽车大讲堂活动

图5-6　社会公众参观体验汽车文化馆

图 5-7 基地举办"红扳手·汽车便民义诊"活动

（三）开展节庆科普

基地定期举行校园汽车文化节，截至 2023 年已经成功举办了七届，总参与人数达到 10 万多人。在汽车文化节上，设置"追溯汽车起源""玩转汽车科技""品鉴汽车故事""畅谈汽车品牌""体验汽车职场"五大科普体验场景，让社会公众近距离触摸神秘的汽车黑科技、体验花式漂移的瞬间震撼、与有故事的经典老车不期而遇、探秘汽车为什么会跑、目睹汽车诞生的全过程，社会反响热烈。

（四）开展线上科普

充分发挥自身优势，对接湖南重点发展的特色优势和支柱产业——汽车产业，基于"互联网 +"拓展科学技术普及特色新阵地，基地开发建设了汽车数字博物馆，开发了一个三维虚拟场景漫游体验平台，开辟了"汽车溯源""汽车探秘""人车生活""未来汽车"四大数字展厅，融合多媒体、数字仿真、VR/AR 等技术，通过视频、交互动画、虚拟仿真、配音图文、知识问答题库等数百个数字资源，提供真实交互式的效果，通过视频、交互式动画、配音图文、知识问答题库等数百个资源，让院校学生与社会学习者追溯汽车根源、探究汽车奥秘、学习汽车科技、体验人车生活。截至 2022 年 12 月，网上访问浏览量达到 100 多万次。此外团队开发的"爱上汽车"是一门既适合汽车专业学生，也适合其他专业学生和各层次汽车爱好者的通识教育课，课程包括总时长 659 分钟的视频 90 个、测验和作业习题书 331 道，配套了教材资源，内容全面、资源丰富，涵盖汽车文化、汽车技术等方面知识，在前期的应用过程中，获得了学生和社会公众的一致好评。

三、科普活动取得成效

（一）媒体关注

近年来，人民日报、学习强国、中国教育报、中国新闻网、中国网络教育电视台、腾讯网、搜狐网等众多媒体以"湖南汽车工程职业学院面向农村中小学开放汽车科普基地""湖南汽车工程职业学院汽车文化科普周活动落下帷幕""湖南汽车工程职业学院举办亲子教育实践汽车"科普大餐"让参与者'嗨起来'"等为主题对汽车科普教育基地传播汽车文化、普及科技知识等进行了相关报道。

（二）公众满意

基地每年通过"迎进来""送上门""线上线下"等多种途径，基于国内外汽车产业的新技术、新工艺和新成果，新能源汽车配套产业链、发展链，面向省内外社会公众和青少年开展各类科普活动。2022 年，先后打造"喜迎二十大·奋进新征程"汽车文化科普周、"穿越汽车百年，传承城市文明"亲子教育实践活动、"喜庆二十大·科普新征程"等特色科普活动，使社会公众全面了解汽车科技知识、培养汽车工匠精神、养成科学和工程思维，提升汽车科学素养。2020—2022 年，基地受众人数持续增长，平均年增长率达 32.5%，营造了浓厚的产业科普氛围，推动汽车产业走出国门，走向世界。

第七节　完善高职院校服务企业职工继续教育保障机制，提升继续教育服务能力

2015 年 6 月 18 日，教育部和人力资源社会保障部联合发布了《关于推进职业院校服务经济转型升级面向行业企业开展职工继续教育的意见》，积极鼓励支持高职院校开展职工继续教育，提出到 2020 年，职业院校开展职工

继续教育人次绝对数是高职院校在校学生人数的 1.2 倍以上，对于开展职工继续教育的整体规模不得低于 1.5 亿人次。企业职工素质直接影响到该企业的成长能力和市场竞争力，而职工继续教育是提高员工综合素质的重要途径和手段。高职院校有个重要职能就是社会服务，为企业提供职工继续教育服务是高职院校社会服务的主要组成部分。高职院校提升服务汽车企业职工继续教育的能力对于提升其社会服务能力有重要意义。

一、高职院校提升服务汽车企业职工继续教育的能力，对于提高职工素质、推进人才强企具有重要意义

（一）汽车企业成长与发展迫切需要大力发展职工继续教育

近年来，我国汽车产业稳步发展，为我国经济增长作出了不可估量的贡献。2022 年，我国国内生产总值为 1 210 207 亿元，汽车制造业实现营业收入 92 899.9 万元，同比增长 6.8%，超过 41 个工业大类行业整体增速 0.9%。中国汽车工业协会数据显示，2022 年，中国汽车产销分别完成 2 702.1 万辆和 2 686.4 万辆，同比增长 3.4% 和 2.1%，延续了 2021 年的增长态势，并已经连续 14 年稳居全球第一。以此推断未来 5 年，我国对汽车的需求还将继续扩大，二、三线城市、农村地区以及出口贸易将成为汽车工业新的增长点。汽车保有量快速增长，导致汽车行业对汽车从业人员的需求也快速增加。汽车类技能人才开始短缺，随着汽车新技术和新工艺的发展，汽车企业职工需要不断更新自己的知识和提升自己的技能，才能适应汽车产业升级发展的要求。要想实现这一点，对汽车企业职工全面实施继续教育具有强烈的必要性和紧迫性。

（二）高职院校是开展汽车企业职工继续教育的主力军

汽车产业的升级和发展迫切需要企业职工能与时俱进，汽车企业需要具有创新精神和持续学习能力的新职工，而高职院校将成为培养新时代企业职工的主力军。在汽车行业中，职工的素质和能力水平发展不均衡，特别是一线员工的素质低，这已经成为制约企业发展的短板。怎么克服这个短板，最重要的还是要努力推进职工继续教育的发展。高职院校的办学宗旨就是面向所在地区的经济发展及市场需要，提供当地社会所需的人才，培养能够

在生产或者服务一线工作的人才。职业院校开展职工继续教育，具有地方性和灵活性的特点，一方面，职业院校开展职工继续教育能与地方的经济、社会、企业需求相结合，设置企业和社会所需要的专业及层次；另一方面，职业院校可根据社会的需求随时增加继续教育的专业，招收该专业的人才，使之适应社会的发展需求。职业院校开展职工继续教育，为社会用人以及用工提供了最大限度的保障，能使职工缓解知识与技术不断创新对汽车产业带来的冲击。

二、高职院校服务汽车企业职工继续教育的主要内容

（一）学历继续教育

高职院校可以结合区域经济发展的需要和职工学历提升的需要，对汽车企业职工开展各种形式的学历继续教育。职业院校开展职工学历教育的教育目标比企业内部培训更明确，教育体系比企业内部培训更健全，教育内容比企业内部培训更丰富。职业院校在招生的过程中应该提高招收企业职工的比例，并在招生考试工作中加强对职业技能的考核。注重提供和推广高升专、专升本、本升硕不同层次、不同类型的学历继续教育，为企业职工建立学历提升的"立交桥"，促进企业职工的技能增长和学历提升，助推汽车企业员工的职业生涯发展。

（二）技术技能培训

高职院校为汽车企业职工提供继续教育服务主要包括技术类和非技术类培训。技术类培训主要包括汽车检测与维修技术、汽车车身维修技术、汽车电子技术、汽车智能技术、新能源汽车维修技术、钣金喷涂等技术技能培训项目。非技术类培训主要包括汽车营销、汽车保险、汽车评估等培训项目。开设汽车类专业的高职院校根据不同的专业针对性地对企业职工进行岗位适应性培训及工种培训，从汽车企业的岗位需求出发，为汽车企业的转型升级提供不同层次的、不同类别的、专业化的技术和技能培训服务。通过技能培训，促进职工技能及创新能力的提升，从而提升企业的生产效率。同时注重职工潜能的开发与培养，使汽车企业职工树立创新意识，培养创新思维，掌握创新方法，提高创新能力。

（三）高层次研修

汽车企业既有大量的在基层岗位的普通职工，也有较高层次的技术人员。打造一支具有高素质、高技能人才团队对于一个企业的是否具有强劲的发展潜力是非常重要的。而高级技能人才的培养一方面要靠在实际工作过程中的不断磨炼，另一方面要靠继续教育的不断提升。上海通用汽车、德国宝马汽车、上海大众汽车等汽车企业都有各自的培训体系，在与职业院校进行员工培训的项目中，高层次的研修主要包括银级以上（含银级）的高级技工培训、高级管理人员培训等培训项目。汽车企业委托高职院校进行汽车高级技能人才培训，与职业院校共建培训体系，结合汽车企业的技术创新、转型升级、项目引进等通过职工继续教育培训保证高级技能人才对汽车关键岗位的胜任和关键技术的掌握。加快建立生产、教育、科研紧密结合的技术创新体系。高职院校为企业技术创新提供支持和服务，促使企业在研发投入和成果转化中发挥主体作用，支持汽车行业重点企业与职业院校组建研发平台和产业技术创新战略联盟，对关键技术的研发和开发进行合作。

三、高职院校汽车专业开展企业职工继续教育存在的问题分析

（一）开展职工继续教育保障机制不够完善

目前我国还没有完善的法律法规对职业院校开展企业职工继续教育的运行机制进行规范，缺乏相互配套的职工继续教育法规体系和奖惩机制；对企业职工继续教育中企业和学校应承担的责任和义务缺少法律约束。职业院校和企业缺乏畅通的沟通渠道，企业缺乏职工继续教育激励约束机制。

（二）企业和职工参与继续教育积极性不高

企业参与职工继续教育积极性不高。部分企业看重眼前利益忽视长远利益，认为继续教育可有可无；另外因企业设置岗位大多是一个萝卜一个坑，企业也很难抽调出一定的职工参与继续教育；部分企业只重视研发创新团队的继续教育，对于基层职工和技术工人的继续教育不予重视；还有些企业担心接受继续教育后技能得以提升的职工离职被别的企业"摘果实"。企业主动联系职业院校为本企业进行职工继续教育的较少，积极性不高。

企业职工参与继续教育积极性不高。部分企业的专业技术人员习惯于一

次教育定终身，缺乏终身学习的精神。只顾眼前的经济利益，认为参加继续教育既浪费时间又减少了自己的收入机会，参与继续教育的积极性不高。课题组通过问卷、访谈等方式对湖南省 7 家汽车企业 230 名职工进行调查发现，43.6% 的职工近两年没有参加任何企业组织的继续教育。

（三）企业对职工继续教育经费投入不足

《关于企业职工教育经费提取与使用管理的意见》中明确规定"一般企业按照职工工资总额的 1.5% 足额提取教育培训经费，从业人员技术要求高、培训任务重、经济效益较好的企业，可按 2.5% 提取，列入成本开支"，提出企业投入足够的经费保证用于职工教育培训，不能将该笔资金用于其他用途。但是现实情况是很少有企业能真正按照这个标准执行，部分企业名义上对员工进行了培训，实际上真正用于职工继续教育的经费并不多，导致继续教育培训经费不足。大型汽车企业对于职工继续教育经费投入相对较多，但是仅限于对中级以上技术人员的培训，对于广大一线职工的培训经费投入较少。小微汽车企业对于培训经费的投入基本上等于 0。

（四）高职院校服务职工继续教育的师资水平不高，课程内容实用性不强，培训方式单一

高职院校服务企业职工继续教育的师资水平参差不齐。汽车产业作为一个快速发展的产业，产品更新升级快，新设备、新标准、新工艺、新技术不断涌现，对教师的专业能力和实践能力都有很高的要求，然而部分高职院校的老师难以胜任培训要求。还有部分老师理论水平高，但是参与企业实践少，动手能力差。

继续教育课程实用性不强，培训方法单一。职业院校进行培训时没有根据各个企业的具体情况进行针对性的课程内容设置，部分培训老师仍然采用传统的教学方法和培训方式，汽车行业作为一个实践性很强的行业，此种培训方式不适应该行业的继续教育，造成培训效果不佳，企业没有感受到职工继续教育带来的效益。

四、高职院校提升企业职工继续教育能力的对策与建议——以湖南汽车工程职业学院为例

面对汽车企业的成长需求，湖南汽车工程职业学院充分利用开设汽车专业所拥有的优势为企业职工开展形式多样化的继续教育，构建高职院校服务汽车企业职工继续教育的保障机制，提升高职院校服务汽车企业职工继续教育的能力，促进校企合作，达到校企双方互惠互赢互利的效果。

（一）完善高职院校服务汽车企业职工继续教育的保障机制

2023 年，湖南省有 32 所高职院校设置了汽车相关专业、汽车类专业点 79 个，但是其中向汽车企业开展职工继续教育的高职院校不到一半。各地方政府部门、教育部门应制定一系列的激励机制、保障机制和评估机制鼓励高职院校积极开展职工继续教育和培训。对于承担职工继续教育的高职院校、实施职工继续教育的企业以及接受继续教育的职工都给予一定的补贴或优惠政策。同时应采取一定措施，要求企业每年必须拿出一定的培训经费用于企业职工包括基层职工的继续教育，而不是让企业每年列支一定的培训费用仅仅是流于形式。采取一系列的保障机制保障校企双方能持续地稳定地开展职工继续教育工作。对于高职院校承担职工继续教育的实施过程以及实施效果应采取科学的评价体系进行评估，以此来保证继续教育的效果和质量。湖南汽车工程职业学院主动对接汽车产业的发展需要，制定了一系列推动校企合作开展职工继续教育的制度，深化内部管理机制建设，鼓励全院教师积极开展社会服务和校企合作项目的开发，来引导系部、教师主动对接企业，服务企业，提升学院社会服务能力。通过"湘火炬模具配件加工厂""汽车临床诊断中心""科仁达模具研发中心"等学院服务型项目推动我院社会服务能力的提升。

（二）优化高职院校服务汽车企业职工继续教育的内容

高职院校汽车专业为企业职工提供继续教育服务主要是技术类和非技术类培训，大部分高职院校都在积极地更新、优化、改进企业职工继续教育的内容。湖南汽车工程职业学院对企业职工进行培训时，开班前都会深入相关汽车企业，系统分析该企业汽车产业升级、技术进步对职工的新要求，以及

调查企业职工对继续教育学习的不同需求，为合作的汽车企业职工制定详细而周到的培训学习计划。对于汽车企业职工继续教育的课程内容主要分两个方面，一方面给在职人员讲授汽车领域的最新技术、成就和发展，以充实和更新这些人员相关方面的知识或技术；另一方面给在职人员开设有关人文素养、心理减压、职业生涯、形势政策等有助于提升职工综合素质的课程。向国外著名的汽车企业培训学校或教育培训机构学习，借鉴他们的培训方式和考核机制，促使学校在继续教育服务管理制度方面的创新改进，持续提高高职院校为汽车企业职工提供继续教育服务的质量，增强社会服务能力。

（三）提高高职院校服务汽车企业职工继续教育的师资水平

高职院校师资队伍水平的高低是高职院校能否提升服务汽车企业职工继续教育能力的重要条件。湖南汽车工程职业学院借助校企合作平台，实施"工教结合"的校企共建双师结构专业教学团队新模式，加强师资队伍建设，提升高职院校教师社会服务能力。一方面加大对专任教师的培训和培养力度，多为教师提供去著名高校相关专业深造或者深入企业实践学习的机会，以此持续提高自己的专业素质理论水平和实践能力；另一方面鼓励学院专业课教师能同时驾驭"学校"和"企业"两个阵地，既能上好校内学生的课堂，也能保证企业职工继续教育课程的质量。完善专业课教师定期到企业参与生产实践的制度，鼓励教师参与企业培训、技术研发等活动，从经费投入、培训时间保证、培训实施主体、人员结构目标、培训考核评价等方面规范教师参与企业生产实践工作。完善高职院校绩效工资制度和事业单位职务（职称）评聘办法，鼓励教师承担相关培训任务，对其相关工作量进行认可。

（四）创新高职院校服务汽车企业职工继续教育的途径

高职院校提高信息化建设与应用水平，面向汽车企业职工开展多种形式的网络化继续教育，创新服务汽车企业职工继续教育的途径。湖南汽车工程职业学院先后建设汽车智能技术、汽车营销与服务、智能控制技术三个国家教学资源库。学院与汽车企业、汽车行业协会合作，建设服务汽车企业职工继续教育的数字化课程资源库、案例库，开发微课类、慕课类和虚拟仿真培训等网络课程，面向汽车企业职工开设继续教育网络课程和移动学习课程，构建和完善网络和移动学习平台。

第八节　创新创业教育与区域经济协同发展，提升学生的社会服务能力

区域经济发展的竞争，既是经济实力、文化实力的较量，同时也是城市空间布局重组、产业发展升级、区位优势再造的过程。株洲作为湖南区域经济中心城市，是国家老工业基地，是我国南方重要的铁路枢纽，近些年经济社会建设取得了长足进步。株洲建成区规模偏小，亟待扩建新城区，为轨道交通、航空设备、服饰产业创建新的发展平台。2022 年，株洲市全市地区生产总值完成 3 616.8 亿元，比上年增长 4.5%。其中，第一产业增加值 274.5 亿元，增长 3.3%；第二产业增加值 1 713.2 亿元，增长 5.7%；第三产业增加值 1 629.1 亿元，增长 3.4%。轨道交通、航空动力装备、汽车及零部件等是株洲的优势产业，不但拥有先进的核心技术，还聚集了一大批科技创新人才。今后一段时期，立足于湖南省"一带一部"战略，向东拓展，向南拓展，产城融合发展，将是株洲市面临的重要任务。

株洲市重视大学生创业，以实际行动支持大学生创业，营造更有利的创新创业环境。2016—2021 年，株洲市人力资源和社会保障局先后出台了《株洲市大学生创新创业扶持资金管理使用办法》（2016 年）、《关于印发〈株洲市大学生创业带动就业扶持资金实施办法（试行）〉的通知》（2019 年）、《株洲市创业孵化基地认定奖补办法》（2021 年）等大学生创业扶持相关政策，从培训、资金、登记注册、服务等方面给予大力扶持。株洲市教育局设立了大中专学生创业专项扶持资金，由市财政安排，专款专用。扶持资金全额用于学生创业项目补贴，对象是在株创业的株洲辖区内普通大中专院校学生。符合条件的大中专学生，可以到所在学校申报，由学校初审并推荐，由市教育局、市人社局、市财政局等联合复审，并进行公示。经评审、公示符合相关要求的从事个体经营、自主创业的大中专学生，将一次性给予 8 000 元的扶持资金。申请人须提供：《株洲市大中专学生创业专项扶持资金申请审批表》；经营者或法定代表人身份证复印件 2 张；学生证或毕业生证等个人申请资格

证明；规范合格的创业计划书（可参考 SYB 培训教材）；营业执照等相关登记证件复印件；申请人的投入资金证明和银行流水等材料；创业经营场所房产证或租赁合同；以及申请人在人民银行开具的信用报告。在校生还需要提供 SYB 培训合格证书。符合条件的高校毕业生等重点群体创业者，可申请政府贴息的创业担保贷款。其中，个人贷款最高额度为 20 万元，合伙或共同创业最高额度为 100 万元，贷款期限为 3 年；小微企业贷款最高额度为 300 万元，贷款期限为 2 年。贷款利息为每年 4.15%，政府贴息 2%，创业者和企业只需支付 2.15%。符合条件的大学生创业者（含在校生），可申请一次性创业补贴。补贴标准为个体工商户每户 5000 元，企业每家 2 万元。有创业意愿和培训需求的高校学生、应届毕业生可以免费参加创业培训。

根据 2022 年株洲市国民经济和社会发展统计公报，2022 年全市共有普通高校 9 所，全年普通高等教育毕业生 35 802 人。2010 年，株洲大学生创业孵化园成立。截至 2015 年，株洲大学生创业示范园已有 186 家大学生企业入园，实现产值 5.3 亿元。

一、株洲市大学生创业存在问题分析

（一）大学生真正创业比率不高

通过追踪调查发现，78% 的大学生回答喜欢创业，要创业。但是真正最后创业的只有 8.7%。72.1% 的学生喜欢从事和自己本专业相关的工作，如会计专业毕业的想从事会计师工作，工程专业毕业的想成为工程经理，只有 8.2% 的毕业生真的愿意做企业家。株洲市人社局和团市委的数据显示，株洲市大学生创业的比例约为 2%，即不到 1 000 名大学生迈出了创业步伐，2022 年，学生当年新申请注册的企业数量不超过 200 家（不包括未注册的企业）。

（二）创业寿命短暂，中途夭折

国内创业能够生存到三年的企业本来就不多，大学生创业生存时间更短，很多不到两年就倒闭了。株洲市大学生创业也存在同样的情况，据调查显示株洲市大学生创业只有 20% 能撑过两年，50% 的大学生创业项目不到一年就夭折了。大学生创业在资源、资金、市场、经验等各方面都有所欠缺，没有足够的心理准备，创业信念不足，一碰到挫折或失败就打退堂鼓。对于公司的运作也想得过于简单，抗风险能力较差。

（三）创业项目盲目，与市场脱节

现在创业的大学生越来越多,项目也越来越多,但是很多项目与市场脱节,这就是所谓的盲目创业。创业者头脑一发热，就想到一个项目，就认为这个项目市场上没有，肯定能赚钱，其实不是，市场没有想的那么简单。很多大学生并没有其他企业工作经验，直接毕业就创业，对市场缺乏了解，不能准确掌握市场信息。

（四）创业团队眼高手低，缺乏管理经验

通过对解散的大学生创业团队的调查我们发现很多大学生创业，想一口气吃成一个胖子，存在眼高手低的现象，这也是缺乏社会经验的表现。创业团队缺乏管理经验，创业团队成员大多是在外边跑业务，成员分工不明确，成员之间容易产生分歧。通过调查发现，64% 的创业团队成员在创业前没有参加过创业技能培训，参与过创业实践活动的只有 36%。株洲市高校是从 2016 年开始开设创业课程，在此之前，大部分大学生在校期间没有进行专业的创业培训和教育，他们所获得的创业知识都是经由学校组织的创业讲座等形式获得。这使得部分学生在创业的过程对创业方向没有清晰的认识，也缺乏管理经验。

（五）创业资金难以筹集，缺乏引导

资金是制约大学生创业的瓶颈。尽管大学生的一些创业项目，启动资金数额不是很大，但对于一些家境不是很好的学生来说，这仍然是拦在路上的一座大山。株洲市也有相关的扶持政策，但也是杯水车薪。大学生创业贷款额度小的往往不能满足创业者的需要，额度大的一般需要有房产进行抵押贷款。信贷机制不健全，大学生创业也很难获得风险投资企业的信任。

二、创新创业教育与区域经济协同发展策略

（一）政府加大扶持力度，强化区域特色教育

株洲市政府部门应加强与高校、企业以及相关社会组织的沟通，了解创新创业教育的实际需求，出台支持创新创业教育的相关措施，加大对创业教育的政策支持以及资金投入。建立以株洲市政府为主导、高校为支撑、社会广泛支持的保障机制,建立一些专门的创业教育服务机构,设立专项扶持资金,搭建专门的信息服务平台，在高校以及社会中形成良好的创业氛围。创新株

洲中国动力谷自主创新园管理制度，运用市场机制保证全程公开透明管理，避免进驻孵化器的企业出现"老不毕业"现象。高校也要根据自身办学特色，充分利用企业、社会和政府的资源优势，以服务株洲区域经济发展为视角，出台创新创业教育实施的相关政策、措施，确保创新创业教育的有效实施。

（二）高校注重有效开发和利用区域经济资源进行创业指导

高校在创新创业教育中要树立为株洲区域经济发展服务的思想，增强服务株洲区域经济的观念，培养能够推动株洲区域经济发展的人才，构建能与株洲区域经济协同发展的创新创业课程。创新创业教育课程作为高校实施创新创业教育的核心要素，在培养创新创业人才方面发挥着关键作用。根据株洲区域经济产业发展的特色，把协同、合作理念融入创新创业教育课程设计，突出各协同主体之间有分工、更有合作的良好状态。实施创业教育离不开社会实践，开展创业实践活动能使学生加深对创业的认识，尽快地掌握创业的基本知识和技能。进行创业实践活动是创业教育活动中极为重要的一环。高校应开展各种创业实践活动，同时建设创业基地、创办创业园，还要以开展创业大赛、举办创业沙龙、参观创业企业、邀请创业成功人士进行创业演讲等各种形式进行创业指导。根据高校所处株洲的地理位置、资源优势、经济基础、技术条件和社会环境等因素，创业项目的选择应该以与株洲区域经济联系紧密的项目为主，并且尽量和学生所学专业相关。帮助学生了解创业信息、选择创业方向，为毕业生自主创业提供咨询和跟踪服务。湖南汽车工程职业学院大力开展创新创业教育，开展创业教学课程和创业辅导活动，同时也进行创业竞赛活动。

促进创新创业教育与区域经济协同发展。创新创业型人才在区域经济社会发展和创新体系建设中具有基础性、战略性和决定性作用，也是区域经济持续、快速、协调、健康发展和社会全面进步的要求。创新创业型人才是大量人才资源中的精华，作为区域内创新知识、传播知识、运用知识的主体，是知识积累与人力资本积累的主力军，是区域经济发展的助推剂。一方面，区域经济发展活跃离不开当地产业的创新发展，产业的创新发展需要大量的创业型人才，另一方面，区域经济产业结构、技术结构、地方性政策都对大学生的创业产生重要影响。所以高等学校创业教育与区域经济协同发展对于高校创业教育和区域经济的发展具有重要意义。

（三）加强创新创业教育师资队伍建设，提高教学质量

俗话说得好："有什么样的老师，就有什么样的学生。"要想培养优秀的创业人才，就必须强大高校的导师队伍，教师不仅要具备深厚的理论基础知识，还必须具备丰富的实践经验，只有这样，才能在教学中用理论指导实践，用实践检验理论。创新教育作为一种新的教育理念，需要建立一支数量充分、素质较高的教师队伍。一方面，可以通过"产学研一体化"的改革实践，让教师深入高新技术企业，体验创业过程，提高创业教育能力；另一方面，可以吸收社会上一些既有创业经验又有一定学术背景的资深人士担任兼职教学和研究工作，并以短期讲学的方式参与高校创业教育项目。教师还要对区域经济有足够的了解和认知，要有针对性、有计划性、有目的性地开展教学活动，这样才能真正培养出服务区域经济的创业人才。定时进行师资培训。创业教育师资培训可以搭建沙龙化培训平台，由教师自发组织、以探讨问题为主、开展形式比较松散的培训形式；还可以搭建体验式创业教育师资培训平台，让教师在一定时期内，亲临创业企业，一方面，通过与创业者接触的方式获得创业知识、积累创业案例、总结创业经验等培训形式，另一方面收集具有创业背景的企业家、经济管理专家、创业投资家、工程技术专家等信息，通过建立微信、QQ等网络联系群、组织"巴菲特"式午餐等形式，加强校外创业师资与高校教师的联络与交流。同时，构建网络化创业教育师资培训平台，可以满足没有条件参加授课式培训的创业教育师资，通过网络文献与视频等途径达到授课式培训同等的培训效果。

（四）将PBL教学法引入到创新创业教育教学中

创新创业教育注重团队精神的培养，一个好的创业团队对于创业项目的成功起着非常重要的作用。而PBL教学法中的小组组建类似于创业团队的组建。创业团队组建的目标是取得创业的成功，PBL教学法中小组组建的目标是经过共同学习、讨论、分析，在团队中学习，获得所需要的知识和技能。创业教育非常注重团队的重要性。大量证据表明，一个好的管理团队对企业的成功起着举足轻重的作用。如果团队成员能起到对创业带头人的补充和平衡作用，并且相互之间也能互补协调，则这样的团队对企业会作出很大贡献。

PBL教学法的教学过程与传统的教学方法有很大的不同，不能采用传统的试卷考试等评价方法来评价学业成绩。应逐步完善教学评价体系，对学生

的评价和考核采取多元化的评价,通过观察学生在解决问题的过程中的表现、团队合作中的配合能力、对知识的理解掌握程度、课题了解能力等等方面来综合评定学生。

（五）开展创业实践活动,积累创业经验;营造创业文化氛围,驱动大学生创业

实践是检验真理的唯一标准。实地训练是创业教育必不可少的环节,只有学生在实践后,才能看到学习的成效。开展创业实践活动,能够加深学生对创业的感性认识。在实施创业教育的过程中,要重视和加强学生的创业实践活动。可以通过开展一些诸如创业计划竞赛、参观创业企业、模拟企业管理、举办创业沙龙、建立创业实践基地等形式多样的活动,让学生在参与这些活动的过程中真正体验到创业的乐趣。还要聘请企业专家或资历较老的员工担任实习教师,手把手指导,这样不仅能与校内教学实现优势互补,还能引导他们走上正确的创业之路,锻炼他们的创业能力,使他们更加符合区域经济创业人才的发展要求。湖南汽车工程职业学院多次举行创业培训班、创业大赛、创新创业讲座、创业实践活动。这一系列的活动有助于学生开拓创业视野,培养创业能力,激发创业激情,为学院创业活动的开展奠定了良好的基础,并将自主创业、自谋职业、灵活就业的理念带到了学生心中。2020年11月6日,湖南汽车工程职业学院举行了大学生孵化基地项目路演,发动机电控VR微教学、菜鸟驿站、蜗蜗旅行、嵌入式多功能数码产品、盛世图文、手机电脑维修、无人机研发与体验中心、汽车维修保养、文化衫DIY定制等共26个创业项目团队参加了路演,项目涉及VR、物流管理、旅游文化资源开发、数码产品、无人机、汽车以及文化创意等多个领域。此次路演评审,共有16个项目进入学院大学生创新创业孵化基地。同时也积极组织学生参加各种创新创业大赛,并且取得不错的成绩。

受传统观念的制约和束缚,创业活动在一定程度上受到了阻碍,创业文化的底子十分薄弱,同时也缺少对创业带头人的宣传。因此,在全社会中应大力宣传大学生典型创业经历,在大学生校园文化建设中,不断填充和丰富创业内容,树立大学生创业文化活动的品牌形象,为创业发展提供便利条件,使大学生的创业队伍得到不断壮大。2020年10月26日下午,"青春正当时三湘追梦人"湖南省高校大学生就业创业优秀典型人物巡回事迹报告会在湖

南汽车工程职业学院举行。中南大学的易跃能、湖南科技学院的李国琛、湖南医药学院的王红伟、湘潭医卫职院的罗晨阳、长沙学院的赵瑱涵等五位就业典型人物，分别结合自身就业、创业经历作了精彩分享，引起了全场学生的强烈共鸣和热烈反响。他们带着感人的事迹和成功的经验来作分享，用自己的实际行动充分彰显了新时代中国青年扎根基层、服务社会的责任与担当。

（六）创新创业教育与专业教育相融合，提升学生的创新创业能力

1. 创新创业教育与专业教育教学理念的融合

近年来，随着我国汽车产业的迅速发展，汽车产业已经成为推动国民经济发展的重要动力。但目前遇到的最大瓶颈就是缺少优秀创新型汽车人才。创新创业教育是一项系统工程，与专业教育理念的融合，不是一朝一夕，需要持之以恒。学校在开展创新创业教育过程中，需要领导高度重视，充分做好顶层设计，全员参与，全过程、全方位进行联合培养。并且将创新创业教育人才培养融入汽车类专业人才培养方案，坚持"知识、能力、素质"三位一体的人才培养模式，实现学生"第一课堂"和"第二课堂"的自然衔接。另外，在专业教学过程中，融入创新创业精神和相关技能知识，在创业教育教学中，融入实践拓展训练项目，实现创新创业教育融入人才培养的全过程。紧跟新能源汽车、智能汽车、车联网、汽车精密制造等汽车产业最新业态，抢占汽车技术技能人才培养制高点，打造"三个高地"：汽车产业高素质技术技能人才培养高地；汽车产业高水平师资培训高地；汽车产学研新成果孵化高地。

2. 创新创业教育与专业教育课程体系的融合

目前，学校专门成立了创新创业中心，联合院系以及校企合作企业，面向汽车类专业学生，共同开发理论创新、理念先进的创业基础、就业指导等方面的必修或选修课，建设社会需求、行业需要、动态优化的汽车类专业。为了更好地实现创新创业教育与专业教育课程体系的融合，在人才培养方案中，将创新创业教育课程融入专业教育教学计划和学分体系，建立多层次、立体化的创新创业教育课程体系，对培养专业技术精湛、业务能力强、勇于担当的优秀汽车类人才具有重要的现实意义。

3. 创新创业教育与专业教育教师队伍的融合

培养创新创业人才必须要有优秀的创业指导老师。创业指导老师不仅要

具备很强的理论基础知识，还必须具备丰富的实践经验。高职院校汽车专业的教师需要具备一定的汽车企业的工作经历，才能更好地融入创新创业教育师资团队。为了能够更好地实现创新创业教育与专业教育教师队伍的有效融合，学校需对创新创业教育和专业教育的指导老师进行选拔聘用，同时制定相应文件，通过量化考核，要求教师团队定期召开有关创新创业教育方面的研讨会，主要进行理论探讨和案例分析，并且形成相应的研究成果，融入课堂教学，不仅能够提高教师创新创业教育的意识和水平，也能够提升学生的综合素质。一方面让教师深入高新技术企业，体验创业过程，提高自身创业能力及创业教育能力；另一方面，聘请一些既有创业经验又有一定学术背景的资深人士兼职担任创业教育课程教学与实践指导工作。

4. 学校与企业共建创新创业实践基地

在创新中创业，在创业中创新，要求创新创业素质的养成、能力的培养不能脱离实践这个根本途径。高职院校应特别注重创新创业实践基地建设，并通过基地建设，将开展创新创业活动的学生、指导创新创业活动的导师和基地的运营管理融合在一起，以保证创新创业教育目标的实现。校企共建校内创新创业实践基地。在学校层面上，建成 5 个"中小微企业咨询服务中心"，建成 20 个以上以名师为核心的创业创新工作室。2016 年湖南汽车工程职业学院获评全国创新创业孵化基地 50 强，拥有 26 个成熟的创新创业孵化项目、一批具有创新创业教育能力的教师，具有较好的创新创业教育改革基础和环境。

湖南汽车工程学院 2008 级电算会计专业 0802 班毕业生，2012 年回到自己家乡登记注册"靖州苗族侗族自治县靖隆养殖专业合作社"，主要进行高山优质山羊养殖和紫玉淮山种植，现在有成员 71 户，拥有天然牧场 8 000多亩、羊舍 2000 多平方米，年产值 100 万元以上。先后荣获"怀化市乡村好青年""怀化市巾帼科技致富带头人""怀化市优秀共青团员"等荣誉称号。2018 年 1 月，当选为第十三届全国人民代表大会代表。[1]

---

[1] 肖军，刘杰华，刘卯昌.朱登云：从"牧羊女"到全国人大代表[N].湖南日报，2018-
02-12（6）.

参考文献

专著类

[1]［美］杰弗里•菲佛，杰勒尔德•R.萨兰基克.组织的外部控制［M］.北京：东方出版社，2006.

[2]［德］赫尔曼.哈肯.协同学：大自然构成的奥秘［M］.凌复华，译.上海：上海译文出版社，2013.

[3]腾大春.美国教育史［M］.北京：人民教育出版社，1994.

[4]宋若云.新加坡教育研究［M］.北京：经济科学出版社，2013.

[5]上海市教育科学研究院，麦可思研究院.2019中国高等职业教育质量年度报告［M］.北京：高等教育出版社，2019.

期刊论文类

[1]范万年.人工智能时代高职院校社会服务能力的提升策略——以浙江邮电职业技术学院为例［J］.宁波职业技术学院学报，2020（1）：39-42.

[2]许立新，王胜，程良，等.美国高校社会服务工作对我国高校草坪科学学科建设的启示［J］.草业科学，2020（4）：819-826.

[3] 何小陆，叶仁荪．发达国家地方高校服务经济社会发展的经验与启示——以美、德、英、日、新加坡等国为例 [J]．教育学术月刊，2015（5）：29.

[4] 桂敏，白新睿．新加坡社区教育公共服务体系助推社区融合的实践探析 [J]．中国成人教育，2018（12）：93-96.

[5] 李周珊，侯长林．日本高校社会服务模式及其启示 [J]．高教发展与评估，2019（3）：74-81，112-113.

[6] 刘晓光，郭霞，董维春．日本高校社会服务：形式、特点及启示 [J]．现代教育管理，2011（10）：122-125.

[7] 汪育文．日本高校社会服务能力提升中的连携制度研究 [J]．中国高校科技，2020（10）：42-45.

[8] 麦均洪，黄海祺．新公共管理理论视角下的日本私立大学社会服务的特征及借鉴 [J]．黑龙江高教研究，2020（5）：94-99.

[9] 仇雅莉．示范性高职院校社会服务的内涵与实践 [J]．教育与职业，2010（20）：169-170.

[10] 成丙炎，朱红．对高校社会服务职能内涵的思考 [J]．教育与职业，2008（5）：35-37

[11] 关松，姜天龙，李翠兰．乡村振兴背景下农业高校社会服务职能的内涵、制约因素及破解对策 [J]．职业技术教育，2020（18）：48-51.

[12] 李春林，王开薇，陆风，等．一流大学建设中高校科技创新服务区域经济社会发展研究 [J]．科技管理研究，2020（24）：111-117.

[13] 崔琳．协作式研究生培养与高校社会服务路径研究 [J]．江苏高教，2020（12）：64-68.

[14] 王燕华．加强科普基地建设提升高校社会服务职能 [J]．实验室研究与探索，2020（2）：254-257.

[15] 吴娜．湖南省高职院校社会服务能力提升的策略研究 [J]．辽宁高职学报，2019（3）：9-12.

[16] 尹昭辉．高职专业社会服务能力提升路径研究 [J]．当代教育实践与教学研究，2019（4）：234-235.

[17] 赵红，丁晓衫，王稼才．基于内部控制下高校社会服务能力绩效评价研究 [J]．绥化学院学报，2019（11）：114-115.

[18] 燕姣云，杨雪英．高校社会服务能力综合评价指标体系的构建 [J]．淮海工学院学报（人文社会科学版），2018（12）：125-129.

[19] 闫坤如，赵坤鹏．基于科技指标的高校社会服务能力评价体系探析 [J]．华南理工大学学报（社会科学版），2018（2）：112-118.

[20] 朱建国．高职院校社会服务质量评价体系构建与实施 [J]．宁波职业技术学院学报，2015（5）：43-46.

[21] 卓加鹏，汪源浩，周文山．高职院校服务地方经济社会发展能力评价体系之架构 [J]．山东农业工程学院学报，2016（11）：180-183.

[22] 王翔．在人工智能技术服务专业群建设中着力提升社会技能培训质量探索与实践 [J]．计算机产品与流通，2020（9）：112.

[23] 范万年．人工智能时代高职院校社会服务能力的提升策略——以浙江邮电职业技术学院为例 [J]．宁波职业技术学院学报，2020（1）：39-42.

[24] 范万年，杨天平．人工智能时代高等教育社会服务功能新论 [J]．齐齐哈尔大学学报（哲学社会科学版），2020（1）：161-164.

[25] 汪育文．日本高校社会服务能力提升中的连携制度研究 [J]．中国高校科技，2020（10）：42-44.

[26] 石晶．日中两国产学研合作的比较研究 [D]．哈尔滨：哈尔滨师范大学，2015.

[27] 任增元．权力制约、资源依赖与公共选择：大学自治悖论的实践逻辑 [J]．清华大学教育研究，2012（6）：114.

[28] 钱志刚，刘慧．论大学社会服务的理论基础 [J]．教育探索，2015（12）：66-69.

[29] 曹如军．大学教师服务评价：价值与思路 [J]．现代教育管理，2012（9）：50.

[30] 刘莉萍．日本和新加坡创业教育比较研究及启示 [J]．工业和信息化教育，2015（2）：4-11.

[31] 范新民．创业与创新教育—新加坡高校创业教育成功的启示 [J]．

河北师范大学学报，2014（3）：62.

[32] 易琳琅. 新加坡创新教育对我国创业教育的启示 [J]. 当代教育理论与实践，2014（2）：25-26.

[33] 张国民，袁清心. 新加坡技能创前程计划及其对我国职业教育发展的若干启示 [J]. 职业技术教育，2018,39（13）：74-79.

[34] 刘淑云，祁占勇. 德国职业教育制度的发展历程、基本特征及启示 [J]. 当代职业教育，2017(6)：107-108.

[35] 鄂甜. 德国跨企业职教中心改革新动向及其启示 [J]. 职业教育研究，2018(11)：81-87.

[36] 鄂甜. 职业教育共享型实训基地提升社会服务功能的路径——基于德国瑞士奥地利三国对我国的启示 [J]. 深圳信息职业技术学院学报，2019（6）：14-19.

[37] 蒋冬琴. 江西省高职院校提升社会服务能力的对策研究 [D]. 南昌：江西科技师范大学，2018.

[38] 王刚，单武雄，刘鹤翔，等. 基于 SWOT 分析的农业高职院校提升社会服务能力研究——以湖南生物机电职业技术学院为例 [J]. 湖南农业科学,2016(3)：120-122.

[39] 余文盛. 地市高校服务区域经济社会能力的影响因素及策略选择 [J]. 教育与职业，2012（8）：19-21.

[40] 黎修良，胡鸿飞，邹瑞睿，等."互联网＋"背景下的职业教育人才培养模式研究 [J]. 产业创新研究,2020(17)：148-150.

[41] 邹瑞睿，张坤，沈言锦."一带一部"战略下高职院校社会服务能力提升的长效机制构建 [J]. 学园，2020,13(24)：81-82.

[42] 邹瑞睿. 高职院校提升社会服务支撑力路径探索 [J]. 现代职业教育,2020(33)：138-139.

[43] 邹瑞睿. 高职院校提升社会服务能力存在问题研究 [J]. 现代经济信息,2020(12)：184-185.

[44] 黎修良，邹瑞睿，沈言锦，等. 高职院校知识产权复合型人才培养模式探索 [J]. 产业创新研究,2020(9)：165-167.

[45] 邹瑞睿，张坤. 高职院校知识产权教育现状研究 [J]. 经济管理文摘, 2020(7)：193-194.

[46] 邹瑞睿，沈言锦. 一带一部背景下湖南高职院校社会服务能力提升策略研究 [J]. 农村经济与科技, 2020, 31(2)：324-325.

[47] 邹瑞睿. 高职院校服务湖南汽车产业发展的校企协同实践与探索 [J]. 职教通讯, 2015(26)：16-18.

[48] 邹瑞睿，刘明星. 职业院校校企协同创新策略研究 [J]. 机械职业教育, 2014(11)：14-16.

[49] 黎修良，胡鸿飞，邹瑞睿，等. "互联网+"背景下的职业教育人才培养模式研究 [J]. 产业创新研究, 2020(17)：148-150.

[50] 张坤. 工业革命与产业变革背景下湖南汽车产业技工人才培养现状及对策研究 [J]. 中国教育技术装备, 2020(11)：128-129.

[51] 张坤，沈言锦. 工业革命与产业变革背景下重构我国高等职业教育人才培养模式研究 [J]. 中国教育技术装备, 2020(9)：132-133, 136.

[52] 罗先进，张坤. 去繁为简、化整为零——关于高职院校课程线上资源建设的思考 [J]. 现代职业教育, 2020(7)：92-93.

[53] 张坤. 校际协同创新与信息技术下的中高职教育衔接研究 [J]. 才智, 2018(32)：126-127.

附　录

附录1：《湖南汽车工程职业学院知识产权管理办法》

第一章　总　则

第一条　为有效地保护学校的知识产权，鼓励广大教职员工和学生发明创造与智力创作的积极性，发挥学校的智力优势，促进科技成果转化，根据国务院《实施〈中华人民共和国促进科技成果转化法〉若干规定》（国发〔2016〕16号）和教育部令第3号《高等学校知识产权保护管理规定》的有关规定，特制定本办法。

第二条　本办法中所指的知识产权是指以湖南汽车工程职业学院为第一所有权人的专利权、计算机软件著作权、集成电路布图设计专有权、植物新品种权、商标权；技术秘密和商业秘密；著作权等。

第三条　本办法适用于学校师生员工。学校师生员工都应自觉遵守专利法及实施细则，不得侵犯他人的知识产权，同时要维护学校知识产权不受他人侵犯。

第四条　科研处是学校知识产权管理的行政职能部门，具体负责知识产权的申请、管理、实施、许可和转让等工作。

第二章　知识产权申请

第五条　申请专利的发明创造应符合《专利法》的规定，发明人须对申请项目进行详细的文献检索，判断是否具备新颖性、创造性和实用性，并对市场需求和经济效益作预测分析。

第六条　凡符合申请专利条件的发明创造，在申请专利前不得以任何形式公开其技术内容。

第七条　发明人或设计人向科研处提出知识产权申请，填写《湖南汽车工程职业学院知识产权申请表》，经所在二级学院（部门）初审（对申请项目发明人资格的初审、并对职务发明和非职务发明进行确定，签署意见）后，报送科研处审核，由科研处代表学校委托专利代理机构（学校招标遴选）办理具体的申请手续。

第八条　发明人应积极协助专利代理机构和科研处完成申请过程中的各项审查工作。专利申请过程中的所有往来文件由学校统一管理，发明人不得自行获取、保留文件原件。

第九条　凡所申请专利涉及国家安全需要保密的，由科研处负责审查以申请国防保密专利。

第三章　知识产权归属

第十条　执行学校及其所属单位任务，或主要利用学校及所属单位物质条件所完成的发明创造或技术成果是职务发明或职务技术成果。职务发明申请专利的权利属于学校，专利权被依法授予后由学校持有。职务技术成果的使用权、转让权由学校享有。本办法所称"执行学校及其所属单位任务"完成的发明创造或其他技术成果是指：

1. 在本职工作中完成的发明创造及其他技术成果，包括在完成科研计划课题或合同课题时所完成的及在自选课题、自筹经费完成的与本职工作有关的发明或其他技术成果。

2. 履行本单位交付的本职工作之外的任务所完成的发明或其他技术成果。

3. 退职、退休或调动工作后一年内做出的与其在本校承担的本职工作或分配的任务有关的发明创造。

本办法所称"利用学校及其所属单位物质条件"是指利用学校及其所属单位的资金、设备、零部件、原材料、试验条件、场地或者不对外公开的技术资料、技术基础以及利用学校及其所属单位的名义筹集或获得的资金、设备、零部件、原材料、试验条件、场地等。

第十一条　学校及其所属单位派出人员，包括访问学者、进修人员、公派留学生等派出国的人员和派往国内其他单位的研究人员，应遵守学校知识产权保护规定，不得擅自将学校的知识产权带出。在国外或外单位完成的发明创造或其他智力劳动成果，除与接受单位另有协议外，专利权及其他智力劳动成果权归学校或派出的法人单位持（所）有或者双方共有。申请专利等具体事宜按国家有关规定办理。

第十二条　学校师生员工完成的职务发明，知识产权属于学校，未经学校许可，任何单位和个人都无权使用、许可和转让。利用学校的物质条件所完成的发明创造，学校与发明人或设计人签订合同，对知识产权的归属有具体约定的，从其约定。

第四章　知识产权管理与实施

第十三条　学校科研处负责学校的知识产权保护与管理工作。科研处负责有关知识产权合同的审查、签订和管理；负责科技保密等日常工作，知识产权授权后，科研处负责台账没管理并按规定归档。

第十四条　学校各单位在对外签订知识产权类合同，包括但不限于科学研究、科技开发、科技成果转让、知识产权许可使用或转让等须经科研处审查，并由法定代表人或其委托的代理人签署合同书或协议。学校的各二级学院（部门）及个人均无权擅自对外代表学校签署合同或协议。

第十五条　学校及其所属单位以其持（所）有的知识产权或技术成果作为出资或入股时，应与合资（作）方签订合同，并对该知识产权或技术成果进行评估，明确知识产权所占全部出资或股份的比例，有偿使用。

第十六条　学校各单位或个人，与国内外单位或个人进行合作研究、开发或委托研究、开发，必须签订书面合同，合同中必须订有知识产权保护条款，并对知识产权的归属以及利益的分配加以约定。

第十七条　学校代缴发明专利申请费、代理费、实质审查费、授权费和授权后（含授权当年）5年年费等相关费用；实用新型专利、外观设计专利的申请费、代理费、授权费和授权后（含授权当年）2年的年费等相关费用；软件著作权登记费、代理费和证书费等相关费用。资助期满后专利发明人如需继续维持专利授权，维持费用由发明人承担。

第十八条　学校重视知识产权的推广、实施和转让。科研处宣传推广，发明人及发明人所在单位应积极联系实施单位，提供知识产权实施的可行性分析报告。知识产权许可和转让所得收益，在扣除申报和维持过程中学校资助的费用以后，按学校和发明人按 1 : 9 比例进行分配，知识产权实施细则按照《湖南汽车工程职业学院科技成果转化管理办法》执行。

第十九条　知识产权实施合同，要明确知识产权的名称、实施内容、双方的权利和义务、费用及支付时间、保密、后续开发、违约责任和仲裁等主要条款，对价款较大的合同要办理公证，并按照规定办理合同会签手续。

第二十条　由本办法资助申请的专利授权后，对知识产权发明人（申请人）按照按学校教职工项目工作奖励办法给予奖励，相关科研工作量核定及计分按学校相关规定执行。

第二十一条　知识产权的侵权纠纷由科研处负责协调处理，发明人及其单位应积极协助，必要时参加有关诉讼活动。

第五章　法律责任

第二十二条　全院师生员工及其所属单位有关人员有义务自觉遵守《高等学校知识产权保护管理规定》及本办法的各项规定，若有违规者，依照《高等学校知识产权保护管理规定》的规定追究责任，依法惩处。

第六章　附则

第二十三条　本办法自颁布之日起执行。

第二十四条　本办法由科研处负责解释，本办法规定与上级有关文件相抵触的，按照上级有关文件规定执行。

附录2：《湖南汽车工程职业学院科技处成果转化管理办法》

第一条　为贯彻《中华人民共和国促进科技成果转化法》、《中共中央国务院关于深化体制机制改革、加快实施创新驱动发展战略的若干意见》（中发〔2015〕8号）、《湖南省促进高等院校科研院所科技成果转化实施办法》（湘政办发〔2016〕9号）、湖南省《关于完善省级科研项目资金管理激发创新活力的若干政策措施》（湘办发〔2017〕9号）以及国家创新驱动发展战略、湖南省创新引领开放崛起战略，充分发挥学校专业、人才和科技等资源优势，营造良好的创 新创业环境，激发学校广大教师创新活力，调动科研人员创新创业积极性，促进科技成果转化，结合学校实际，特制定本办法。

第二条　本办法所称的科技成果，是指通过科学研究与技术开发所产生的具有实用价值的成果，包括但不限于已经产权化的成果（专利、集成电路布图设计、植物新品种、计算机软件著作权、作品著作权等）以及未产权化的创新知识、专有技术、技术秘密、软件、算法及各种新的产品、工程、技术、系统的应用示范等。

本办法所称的科技成果转化，是指为提高生产力水平而对科技成果所进行的后续试验、开发、应用、推广直至形成新技术、新工艺、新材料、新产品、发展新产业等活动。

第三条　科技成果转化的主要方式包括：

（一）自行投资实施转化；

（二）向他人转让科技成果；

（三）许可他人使用科技成果；

（四）以科技成果作为合作条件，与他人共同实施转化；

（五）以科技成果作价投资，折算股份或者出资比例；

（六）其他协商确定的方式。

科研处是学校科技成果的认定、管理机构，是成果转化的实施单位。

第四条　科技成果确定价格的方式包括协议定价、在技术交易市场挂牌交易、拍卖等市场化方式。通过协议定价方式实施的科技成果转化，应当在学校网站公示科技成果名称和拟交易价格，公示时间不少于 7 天，无异议后再实施转化。

第五条　科技成果完成并成功转化（经技术合同认定登记并全额到款）后，所得净收益的 80% 奖励给科技成果完成人，10% 作为中介费，10% 作为学校的收益。中介费用于支付学校所属单位以及校外中介机构实施转化成果费用。自行实施转化的，原本按 10% 比例提取的中介费用于奖励给参与实施转化的相关人员。

第六条　对授权专利成果的转化，如在获得授权后 5 年内实施转化的，所得净收入或股权收益的 90% 奖励给专利发明人，10% 作为学校的收益。专利获得授权 5 年后未实施转化的，根据专利维护费的缴纳方式，分为：

（一）由专利发明人自行缴纳专利维护费的，所得净收入或股权收益的 90% 奖励给专利发明人，10% 作为学校收益。

（二）专利发明人放弃缴纳专利维护费的，由学校委托科研处持有该项成果并实施转化。实施该成果转化所得净收益的 30% 奖励给专利发明人，70% 作为学校收益。

第七条　学校在科技成果纠纷中的调解、诉讼、仲裁中获得的侵权赔偿或者补偿费，扣除调解、诉讼、仲裁等相应成本后的部分，视同学校许可他人使用科技成果的收益。

第八条　学校在科技成果转化中所得的收益，所得净收入部分直接归学校，所得股权由学校院长办公会议决定。

第九条　执行本办法中涉及的相关收益和奖励所得税按国家有关规定执行。

第十条　科技成果转化的具体操作流程及相关合同（协议），由科研处另行制定。

第十一条　本办法自颁布之日起实施。本办法规定与上级有关文件相抵触的，按照上级有关文件规定执行。